포스트휴먼 세계 연구하기

디지털 객체와 면담하는 법

Researching a Posthuman World:
Interviews with Digital Objects

Catherine Adams · Terrie Lynn Thompson 공저
이경미 · 장인철 공역

박영story

옮긴이의 말

사물은 늘 인간의 곁에 있었지만, 인간은 항상 사물을 도구로 개발하고 사용하며 자신의 손 안에 두기에 익숙했다. 잘 보이지 않던 사물이 인간의 눈앞에 자신을 드러내기 시작한 것은 아이러니하게도 사물이 힘을 키우면서다. 최근 디지털이라는 물질성을 가진 사물들이 우리 삶 곳곳에 침투한 것은 물론, 인공지능과 휴머노이드와 같이 오랫동안 상상 속에 머무르던 기계들이 실제로 등장하기 시작했다. 우리는 사물을 통해 확장되는 신체적 혹은 인지적인 능력에 감탄하면서도 점점 더 강해지는 기계를 바라보며 그들과 어떠한 관계를 맺어야 할지 고심하게 된다.

최근 포스트휴먼으로 일컬어지는 사물들과 얽혀서 세계를 마주하는 인간, 그리고 그 세계를 함께 구성하는 인간이 아닌 것들에 대한 새로운 존재론과 윤리에 관한 학문적 담론들은 이러한 고심을 반영한다. 하지만 포스트휴먼 이론이 제시하는 인간 중심적인 관점에 대한 반성과 상호 구성적인 실천에 대한 접근이 매력적임에도 불구하고 일상생활에서 출현하는 다양한 현상을 기술하고 분석하며 설명해야 하는 연구자에게 포스트휴먼적인 연구를 수행하기란 쉽지 않다. 이 책은 난해할 수 있는 포스트휴먼 이론을 현실 속 실증연구로 초대할 수 있는 친근한 연구 방법을 담고 있다.

《포스트휴먼 세계 연구하기: 디지털 객체와 면담하는 법》은 행위자-네트워크 이론과 (후기)현상학적 연구를 결합하며 디지털적인 것을 포스트휴먼의 관점으로 연구할 수 있는 방법론적 도구상자를 제공한다. 이 책에서 제시하는 방법론은 규범적이고 단계적이기보다 휴리스틱이라는 형태로 발견적이며 비선형적이다. 지금까지 철학, 미디어학, 인류학 등에서 제시된 인간과 사물과의 관계에 대한 관점들을 융통성 있게 받아들이되,

연구 현장에서 적용할 수 있는 질문의 형태로 제시한다. 이 책의 부제에서 말하는 면담이란 연구자가 연구 참여자를 만나고 바라보듯, 사물을 능동적인 연구 참여자로 초대하여 새롭게 서로의 관계를 살펴볼 수 있는 질문을 던진다는 의미이다. 연구의 과정에서 혹은 일상에서 사물을 새롭게 보기를 원한다면, 이 책에서 제시된 질문을 진지하게 물어볼 만하다. 그 과정에서 도구주의적이고 인간 중심적인 관점에서는 볼 수 없었던 사물에 대해 새로운 이해를 할 수 있을 것이다.

이 책의 1장은 포스트휴먼 탐구의 배경이 되는 이론을 살펴본다. 2장에서는 연구 자료 수집에서 사용할 수 있는 휴리스틱을, 3장에서는 연구 자료 분석에서 사용할 수 있는 휴리스틱을 제시한다. 4장에서는 연구 과정에서 디지털 도구의 도입이 자료 수집과 분석의 실천을 어떻게 변화시키고 있는지를 앞서 제시한 휴리스틱을 적용하여 살펴본다. 최근 화상 회의 소프트웨어를 통한 비대면 면담, 음성인식 소프트웨어를 이용한 면담 자료 전사, 인공지능 기술을 활용한 면담 자료 코딩 등도 보편화되고 있을 뿐 아니라, 시선추적, 뇌파검사, 뇌영상촬영과 같은 첨단기술을 기반으로 한 보이지 않던 영역을 데이터화하는 자료 수집 방법이 주목받고 있다. 이러한 새로운 연구 실천을 객관성, 효율성, 편의성에 기대어 받아들이기보다, 연구의 목적, 연구자와 연구 참여자 사이의 관계, 연구 맥락과 연구 결과의 구성에 대해 성찰하고자 하는 연구자에게 4장은 특히 중요한 함의를 가진다. 마지막 5장에서는 포스트휴먼 합류성이라는 개념을 제시하며, 디지털 전환의 시대에 연구자에게 필요한 역량이 단지 기술과 기기를 유창하게 사용하는 것이 아니라 인간과 기계의 윤리적이고 정치적 관계에 대한 보다 비판적인 접근임을 강조한다.

번역의 과정은 가장 적합한 단어를 찾고 문장을 가다듬는 행위지만, 몇몇 부분에서 만족할 만한 번역을 하지 못했다. 특히, 영어 단어를 음차

한 경우는 대응되는 한국어를 성급하게 찾기보다 그대로 쓰는 것이 의미 전달에 더 용이할 것이라고 판단하였다. 몇몇 철학 용어도 가장 많이 사용되는 단어를 찾으려 했지만, 아직 합의되거나 정착되지 않은 것도 있었다. 이러한 낯선 용어들이 책의 내용을 이해하는 데 장애물로 작용하지 않기를 바란다.

이 책은 교육학에서의 포스트휴먼 연구 이론 및 방법을 소개하기 위한 기획의 첫 작업이다. 이 기획에서는 이론, 연구 방법, 적용 사례에서 대표될 만한 책을 번역하여 소개하고자 한다. 이러한 작업은 인공지능 시대에 관계의 교육학을 정립하기 위해 함께 고군분투하는 연구자들이 있어서 시작할 수 있었다. 이 책을 같이 읽으며 난해한 부분에 대한 해석과 여러 주장이 제공하는 함의를 함께 나누어 준 서울대학교 PRiDE 연구원들에게 감사의 마음을 전한다. 또한, 인공지능의 기능적 가능성에만 주목하는 요즘, 대안적이고 비판적인 관점의 연구가 필요하다며 격려하고 함께 연구하는 서울대 학습과학연구소 조영환 소장님과 서울대 생물교육과 하민수 교수님께도 존경의 마음을 전한다. 마지막으로 어려운 학술 출판 시장에도 불구하고 우리의 기획을 보고 출판의 기회를 제공하며, 원고도 정성스럽게 다듬어 준 박영스토리 편집부에게도 감사드린다. 교육학에서 개념적으로 탐색되고 있는 포스트휴먼 연구가 이 책을 통해 현실 속에서 보다 다채롭고 역동적으로 실천되고, 이전에 상상하지 못했던 인간과 비인간의 복잡한 얽힘이 생생한 언어로 다시 태어날 수 있기를 기대한다. 이 책의 마지막 문장처럼 독자들도 "이제 우리와 가장 가까이 있는 것, 바로 사물에게 인사를 건넬" 수 있기를 바란다.

노트북과 워드프로세스에게도 감사의 인사를 건네며,
이경미, 장인철

포스트휴먼 세계 연구하기: 디지털 객체와 면담하는 법

"아담스Adams와 톰슨Thompson을 통해 우리는 디지털의 수수께끼와 포스트휴먼의 난해한 의미에 마주하게 됩니다. 현상학적으로 매력적인 이 책을, 우리가 살고 있는 경이로운 세계를 이해하고자 하는 모든 이들에게 진심으로 추천합니다."

- 맥스 반 매넌Max van Manen, 캐나다 앨버타 대학교

"아담스와 톰슨의 휴리스틱은 우리 연구에 활력을 불어넣으며, 인간만이 발화의 주체가 아닌 연구를 만들어 낼 것입니다. 시의적절한 이 책이 다양한 학문 분야의 연구로 확산되기를 희망합니다."

- 루카스 인트로나Lucas Introna, 영국 랭커스터 대학교

"간결하고 읽기 쉬운 이 책은 포스트휴머니즘 기획과 현대 문화 이론에 부합하는 연구를 실천하는 데 환영받을 만한 기여를 할 것입니다."

- 션 베인Sian Bayne, 영국 에든버러 대학교

사물들에게

감사의 말

이 책의 상당 부분은 가족과 친구들과 보내야 할 시간을 할애하여 집필하였습니다. 사물의 사물다움과 객체의 하기(doing)에 몰두하는 우리를 인내심 있게 이해해 준 사랑하는 이들에게 깊이 감사드립니다. 또한, 익명의 리뷰어들에게도 감사의 말씀을 전합니다. 그들의 세심하고 관대한 논평은 우리가 해결해야 할 중요한 문제와 체계적인 조언을 제시해 주었으며, 이후에는 따뜻한 격려와 함께 깊이 숙고할 질문들을 남겨 주었습니다.

이 책과 이 책에서 인용된 몇몇 연구 프로젝트는 캐나다 사회과학 및 인문학 연구 위원회(Social Sciences and Humanities Research Council of Canada), 앨버타 대학교 교육학부(학술 발전 기금 지원), 앨버타 대학교(디지털 학습 프로젝트 연구 상, 킬램 연구 기금), 디지털 기회 신탁(Digital Opportunity Trust), 그리고 스코틀랜드 정부의 지원을 받았습니다.

차례

CHAPTER 03 그물망 느슨하게 하기, 매체성과 물질성 분석하기

CHAPTER 05 포스트휴먼 합류성

CHAPTER 01

포스트휴먼 탐구 소개

CHAPTER 01

포스트휴먼 탐구 소개

초록

오늘날 전문적인 실천을 지원하고 이끄는 수많은 디지털 혹은 비디지털 사물에 대해 생각해 보자. 사물은 죽은 객체가 아니라, 우리의 일상 세계를 함께 구성하고 되기(becoming)에 관여하는 생동하는 존재이다. 우리는 21세기 상황을 다루기 위한 이론적 틀로 포스트휴머니즘을 제시하며, 이 책 전반에 걸쳐 행위자-네트워크 이론(Actor-Network Theory, ANT), 현상학, 그리고 기타 관련된 방법론적 접근법을 소개한다. 객체(objects)와 사물(things)의 차이를 살펴보고, 연구에서 사물에게 목소리를 부여하고 연구 참여자로 포함하기 위한 방법으로 객체와 면담하기를 제안한다. 마지막으로 포스트휴머니즘 연구를 수행하기 위한 여덟 가지 휴리스틱(heuristics)을 소개한다.

주요어: ANT, 휴리스틱, 객체와 면담하기, 포스트휴머니즘, 현상학

서론

디지털은 어디에나 있다. 컴퓨팅 기술은 주머니와 핸드백, 책상 위와 침대 옆 탁자 같이 21세기의 삶을 뒷받침하며 보이지 않게 인프라의 많은 부분을 차지한다. 마이크로센서는 인간 활동을 추적하여 디지털화하고, 알고리즘은 생성된 데이터를 가공하여 우리 자신과 주변 세계에 대한 정보를 계속해서 제공한다. 뉴스 헤드라인은 빅데이터, 무크(Massive Open Online Courses), 데이터화, 수치화된 자아는 물론 봇, 로봇, 자율 주행 자동차, 증강 현실과 가상 현실부터 바이러스, 웜, 사이버 보안, 나아가 웨어러블 기술, 생활환경지능(ambient intelligence), 사물인터넷(Internet of Things)에 대한 이야기를 담고 있다. 인터넷 중독과 사이버 괴롭힘부터 신원 도용과 디지털 격차에 이르기까지 다양한 윤리적 질문과 사회적 우려도 팽배하다.

이 책은 디지털과 그 효과 및 영향을 **가시화**하는 방법을 다룬다. 연구자와 다양한 분야의 전문가에게 디지털 기술을 연구 질문에 포함시킬 수 있는 접근법을 제공하여 비판적으로 성찰하고 윤리적인 고려를 할 수 있게 하는 것이 이 책의 목표이다. 이를 위해서는 무엇보다 점점 더 기술화되고 네트워크화된 세계에서 인간이 무엇을 의미하는지에 대해 보다 새롭고 포괄적인 이해를 벼려 낼 필요가 있다. 친밀하고 어디에나 있는 디지털을 비롯하여 모든 사물과의 관계에 대해 곰곰이 생각해 보고, 인간과 비인간의 주체성에 대해 재고하며, 인간사에서 가정되는 기술 중립성에 대해 반문해 보아야 한다.

이 장은 디지털 기술이 개인적 혹은 전문적 삶에 다면적으로 개입하는 방식을 재고하는 데 효과적인 접근법으로 포스트휴머니즘을 제시하는 것으로 시작한다. 포스트휴머니즘은 인간과 비인간 존재가 함께 구성해가는 얽힘을 다루는 이론적 관점으로 우리에게 가장 가까운 것과 세계 안에서 일상적인 것에 주목하고 진지하게 대할 것을 요구한다. 도나 해러웨이Donna Haraway의 《사이보그 선언》(1985) 이후, 포스트휴먼 학문은 인간 주체와 주변 환경의 관계를 바라보는 방식에 대해 근본적으로 도전해 왔다(Badminton 2000; Braidotti 2013; Barad 2003; Graham 2002; Hayles 1999; Wolfe 2010). 포스트휴머니즘은 인간성을 포기하고 기계에 모든 것을 의탁하는 것이 아니다. 오히려, 휴머니즘이라는 끈질긴 인류중심주의(anthropocentric) 편견을 일부라도 바로잡아 보려는 시도이다. 이러한 편견 중 하나가 인간은 도구와 심지어 지구라는 환경과 완전히 분리된 자율적인 존재라는 믿음이다.

이어서 이 책 전반에서 언급되는 포스트휴머니즘에 관한 두 개의 이론적 접근법을 소개한다. 첫 번째는 ANT, 과학기술학(Science, Technology, and Society, STS) 연구, 인류학자 팀 잉골드(Ingold 2000, 2012)의 인간 너머(more-than-human) 분별에 기초한 사회물질적 관점이다. 두 번째는 맥스 반 매넌(van Manen 1997, 2014)의 실천적인 현상학(Practical Phenomenology)을 바탕으로 기술 철학, 후기현상학, 미디어 생태학, 비판적 미디어 연구의 통찰을 참고한다. 두 가지 접근법을 소개하면서 방법론적으로 혹은 철학적으로 겹치는 부분은 없는지, 그 사이에서 해결할 수 없는 긴장은 없는 지를 간략하게 다룬다. 이 과정에서 각 접근법이 디지털과 사물의 개입을 탐색하고 분별하는 데 가지는 장점과 단점을 논의한다.

이 책은 인문학과 사회과학 연구자가 무엇인가를 탐구하는 데 활용할 수 있는 이전과 다른 접근법을 탐색한다. 이러한 새로운 포스트휴먼 연구 방식을 **객체와 면담하기**(interviewing objects)로 부르고자 한다. 객체와 면담하기의 핵심은 연구 현장에서 **비인간적** 사물을 중요한 연구 참여자로 분명하게 포함하는 것이다. 여덟 가지 가능한 휴리스틱을 통해 주체뿐만 아니라 객체도 면담할 수 있으며, 객체에게 목소리를 부여하여 비판적 분석에 활용할 수 있음을 보여 주고자 한다. 간단하게 말하자면, 객체와 면담하기는 사물과 대화를 나누는 방법이다. 여덟 개의 객체와 면담하기 휴리스틱은 일차적으로는 포스트휴먼 연구자의 작업과 실천을 도와주기 위해 개발되었지만, 다른 독자들도 삶의 맥락에서 발견되는 다양한 디지털 혹은 비디지털 객체를 이해하는 데 유용하게 활용할 수 있을 것이다. 이를 통해, 특정 기술을 사용할 때 윤리적이고 책임감 있는 선택을 할 수 있을 것이다.

이러한 사고의 변화가 항상 쉬운 것은 아니다. **비인간 객체**를 면담한다는 것은 **인간 주체**를 면담할 때와는 매우 다른 존재론적 가정과 인식론적 이해를 요구한다. 하지만 포스트휴머니즘의 통찰을 실질적이면서도 이론적으로 타당한 연구 행위로 어떻게 구체화할 것인가에 대한 논의는 지금까지 거의 부재했다. 우리는 연구와 교육을 통해 객체와 면담하기가 포스트휴먼 개념을 탐색하고 자신과 타인의 삶에서 디지털의 숨겨진 효과를 이해하는 데 탁월한 방법임을 알 수 있었다. 직장이든 집이든 혹은 연구 프로젝트든 일상의 실천에서 이러한 휴리스틱을 시도해 보길 권해 본다.

이론적 기틀 잡기

포스트휴먼

포스트휴먼 혹은 포스트휴먼 되기(becoming)가 의미하는 바는 무엇일까? 누군가는 영화 《스타트렉: 넥스트 제너레이션》에서 "보그의 로쿠투스"로 변한 캡틴 피카드처럼 인간과 기계라는 유기체와 무기체의 결합인 사이보그와 같은 미래적 이미지를 떠올릴 것이다. 다른 누군가는 가상 현실이라는 환상에 갇혀 절망적인 현실 세계에 대해서는 전혀 무지한 《매트릭스》의 네오를 떠올릴 것이다(Herbrechter 2006). 또다른 누군가는 인간의 신체적 경계를 침범하거나 복잡하게 만드는 스텔라크의 의족과 같은 보철 예술이나 인간-컴퓨터 인터페이스 실험 안에서 포스트휴머니즘을 발견하면서, 기묘한 하이브리드 인간의 도래를 예고하거나 심지어는 인간 신체의 고루함을 시사하기도 할 것이다.

이러한 환상적인 이미지와 추측에 기반한 묘사에 대해 포스트휴머니즘는 몇 가지 중요한 질문을 제기한다. 예컨대, 디스토피아적인 텔레비전 시리즈 《블랙 미러》에서는 공적인 삶과 사적인 삶의 분리 같은 우리 사회가 중요하게 여겼던 이분법이 디지털 기술에 의해 지워져 버린 미래의 모습을 마주하게 된다. 《엑스 마키나》(2015)와 같은 최근 영화나 《블레이드 러너》(1982)와 같은 고전 모두 인간을 어떻게 정의하고 이해해야하는 지에 대해 생각해 보게끔 한다. 생체공학적 인조인간 레이첼과 복제인간 암살자 데커드 중에 누가 더 인간적일까? 피와 살을 가진 기계가 만들어지면 어떻게 될까? 기계가 인간보다 더 인간적일 수 있을까? 기계와 인간의 차이를 어떻게 구분할 수 있을까? 이처럼 경계는 흐려진다. 우리가 당연시했던 구분이 예기치 않게 해체되고 기묘한 "비인간적" 하이브리드가 만들어진다. 이러한 순간이 오면 이분법적 사고는 한 대 맞아 꼬리를 빼거나, 어지러워 하면서 대답할 수 없는 질문 앞에서 자신을 확인하려고 애쓸 뿐이다.

포스트휴먼이라는 것은 더 이상 인간이 아니거나 비인간이 되고 있거나 심지어 인간의 피와 살을 벗어 던질 운명이 되었음을 의미하지 않는다(Hayles 1999). 포스트휴머니즘는 인류중심주의라는 휴머니즘의 제약을

넘어서 인간을 재조명하고, 우리가 가장 소중히 여겼던 주체와 객체, 공적인 것과 사적인 것, 능동과 수동, 인간과 기계 같은 이분법적 생각에 대해 문제 제기하고 이를 넘어서고자 한다.

> 포스트휴머니즘적 설명은 "인간"과 "비인간"이라는 구분된 범주가 당연하다는 것을 의심하고, 이러한 구분의 경계를 안정 혹은 불안정하게 만드는 실천을 살펴본다. (Barad 2003, p. 808).

포스트휴머니즘은 이분법 밖에 서거나, 이분법 이전으로 돌아가서 "사회적인 것과 기술적인 것을 하나로 이야기할 수 있는"(Law 1991, p. 8) 방법을 발견하려는 시도이다. 나이절 스리프트(Thrift 2005)가 선언했듯이, "내부에 있는 것이 외부에도 있는" 한 이러한 시도는 필요하다. 오늘날 우리는 "물질성의 변화하는 속성[과] 매개의 일반적인 개념을 의심하는 새로운 토대"(p. 231)가 불러일으킨 이해의 전환점에 서 있다. 생태 위기와 초기 페미니즘 연구에서 출현한 포스트휴머니즘은 디지털을 발판삼아 발전하고 있다. 디지털은 우리 삶을 파고들어 침투하여 생활세계(lifeworld)의 모든 면을 감염시키고 있으며, 비인간 및 "인간 너머"(Abram 1996, p. 7) 세계와의 관계에 대해 지속적으로 질문을 제기하고 있다.

포스트휴머니즘은 함께 살아가는 인간 이외 존재와의 관계 속에서 인간인 우리 자신을 재구성하고자 한다. 우리 자신과 물질적 환경 사이의 경계는 지속적으로 변해서 불안정하므로 포스트휴머니즘 이론가는 "인간 존재"보다는 "인간 되기"에 대해 이야기하는 것을 선호한다. 또한, 포스트휴머니즘의 색채와 강조점은 다양하다(Roden 2015). 예를 들어, 제인 베넷(Bennett 2015)의 생기론적 유물론은 "적극적인 주체와 수동적인 객체로 이루어진 세계가 아니라, 생생하고 본질적으로 상호작용하는 물질들,

인간과 비인간의 신체로 가득 찬 세계를 묘사"(p. 254) 하고자 한다. 포스트휴먼이라는 존재의 임박한 죽음을 선언하는 이론가도 있다. 클레어 콜브룩(Colebrook 2014)은 포스트휴먼을 미래의 삶보다는 인류세에서의 멸종에 대해 더 많은 것을 말해 주는, 필연적으로 잠정적일 수밖에 없는 이론적 존재로 위치시킨다.

이러한 포스트휴먼 논의의 핵심은 인간은 언제나 하이브리드 또는 이종적 존재라는 것이다.

> 인간은 항상 인공적인 객체와 자연적인 객체로 둘러싸인 하이브리드 환경에서 살아왔다. 인공적인 것과 자연적인 것은 분리된 영역이 아니며, 인공적인 객체는 자연을 정복하는 도구가 아니라 오히려 인간 경험과 존재를 조건 짓는 역동적인 체계를 구성한다. 인공적인 것은 보다 구체화되려고 계속해서 발전하기 때문에, 단일한 역사적 조건에 대해서 지속적으로 성찰해야 한다.
>
> (Hui 2016, p. 1)

인간의 진화는 기술 및 건설된 환경의 발전과 사용으로 유지되고 계속되어 왔다. 포스트휴머니즘은 기술뿐만 아니라 자연적으로 이미 주어진 세계와 그 안의 존재들이 친밀하게 함께 구성하는 얽힘을 다룬다. 특히, 포스트휴머니즘은 세계 안의 일상적인 것에 새로운 방식으로 관심을 가지도록 요구한다.

포스트휴머니즘은 비인간적 전회도 강조한다.

> 인간은 혼자 존재하지 않는다 … 사물로 가득 찬 세계 속에 존재한다. 세계-내-존재라는 사유를 통해 인간을 변화시키는 것은 세계를 변화시키는 것이기도 하다. 그 세계에서 사물의 개념을 변화시키는 데 필요한 엄격하고 철학적

인 작업이 해결되지 않는 한 변하는 것은 없다. “주체”는 변화하지만 “객체”는 그대로라면 아무 것도 변하지 않는 것과 같다. (Mitchell 2015, p. 12)

비인간적 전회는 자율적인 인간 주체라는 “존재론적 위생(ontological hygiene)”(Graham 2002 p. 33)을 오염시키고, 그 피부를 물질적 환경의 침습적 명령과 부식적 압력에 노출시킨다. 라투르(Latour 1993)는 근대성은 모든 것을 분류 체계, 이분법, 범주로 구획하는 정화(purification)와 분리된 범주에서 혼합된 존재를 만들어 내는 번역(translation)이라는 두 가지 인식론적 전략을 통해 인간이 주권적 지위를 성공적으로 유지했다고 주장한다. 이분법적인 쌍들을 배치하다 보면 전체를 복구할 수 있지만, 경계는 점점 더 견고해진다. 포스트휴머니즘은 인간-비인간 관계를 이어 주는 -에서 무슨 일이 일어나고 있으며, 회절된 혼합에서 만들어진 하이브리드 존재과 사이보그 형상이 무엇인지 묻는다.

포스트휴머니즘과 같은 새로운 인식론은 새로운 방법론을 요구한다. 새로운 방식으로 **생각**하는 것은 새로운 방식으로 **행동**하는 것, 그래서 결국 새롭게 **존재**하는 것과 밀접하게 연결되어 있다. 이를 위해, 우리는 연구자와 실천가가 디지털과 디지털 객체를 비판적으로 살펴볼 수 있도록 포스트휴먼 통찰력을 활용하는 데 도움을 주는 여덟 가지 휴리스틱을 소개하고자 한다. 우리는 이 연구 방식을 “객체와 면담하기”라고 부른다. 이 책에서 우리는 풍부한 실증적 예시와 함께 여덟 개의 객체와 면담하기 휴리스틱을 소개함으로써 방법론적으로 기여하고자 한다. 각각의 휴리스틱은 연구 현장뿐만 아니라 개인적이고 전문적인 생활세계에서 발견되는 해당 디지털 객체를 가시화하고 질문하는 방식, 즉 “사물과 이야기”하는 방법을 독자에게 제공할 것이다. 이 책에서는 디지털 사물에 대해 주로 다루지만, 이러한 객체 조사 전략은 다른 비인간적 존재에게도 적용 가능하다.

지난 수십 년 동안, 디지털에 대응하고자 인문학 및 사회과학에서는 연구를 수행하는 다양한 접근법과 적용 방안들이 개발되었다. 예를 들어, 디지털 문화기술지와 이와 가까운 사이버 문화기술지, 네트워크 문화기술지, 오픈 문화기술지 등과 같은 학문적 기틀이 마련되었다. 《디지털 문화기술지: 원칙과 실천》에서 사라 핑크 외(Pink et al. 2016)는 사회 문화 이론에서 경험, 실천, 관계, 사물, 지역, 사회 세계, 사건이라는 일곱 가지 핵심 개념을 활용하여 "사회 세계에 접근하는 다양한 방법"(p. 14)을 제공하였다. 이들은 디지털이 기존 대면 실천에 대한 추가나 단순한 변형이 아니라 새로운 연구 현장을 제공하고 따라서 새로운 분석과 지식 전달 과정을 가져왔다고 주장한다. 《디지털 사회학》에서 데버라 럽턴(Lupton 2015)은 디지털 사회학을 (1) 연구자가 네트워킹, 토론, 공유, 교육을 위해 디지털 도구를 사용하는 방법을 연구하는 전문가적 디지털 실천, (2) 인간들이 디지털 기술을 사용하는 방법을 연구하는 디지털 기술 사용 분석, (3) "자연스럽게 발생"(p. 15)하는 디지털 데이터를 질적 또는 양적 연구에 사용하는 디지털 데이터 분석, (4) 사용 중인 디지털 기술을 성찰적으로 분석하는 비판적 디지털 사회학이라는 네 가지 유형으로 분류하였다. 위의 문헌은 확장하고 있는 새로운 디지털 연구 방법에 대한 두 가지 예시에 불과하다. 각 문헌은 디지털과 그 효과에 대해 서로 다른 개념과 접근법을 제시한다.

이 책의 접근 방식이 다른 "디지털" 및 "사이버" 방법론과 구별되는 점은 (1) 포스트휴머니즘과 그 함의에 대해 명시적으로 관심을 기울이며, (2) 연구자와 실천가 모두에게 디지털을 비판적이고 이론에 기반하면서도 매우 실용적으로 다루는 방법을 제공하는 데 있다. 이 장의 나머지 부분에서는 객체와 면담하기 휴리스틱의 토대가 되는 두 가지 방법론적 틀인 ANT와 현상학을 소개한다. 두 가지 이론 모두 포스트휴먼과 친연성이 있으며, 주체/객체 이분법과 "결정론과 자유 의지, 과거와 미래 사이의 진부한 선택의 이분법"(Barad 2010, p. 254)을 극복하기 위해 다양한 방식으로 노력한다.

ANT와 그 너머

ANT는 **사회물질적 전회**의 일부이다. 사회물질적 관점은 인간과 인간 세계 내 물질 사이에 당연시되는 구분에 도전하고, 실천의 상호 구성적 본성에 초점을 맞춘다. 타라 펜윅(Fenwick 2014a)은 다음과 같이 말한다.

> 인간 행위자들과 그들의 개별 기술 및 사회적 상호 관계만을 검토하는 대신, 사회물질적 관점은 지식 실천의 사회적이고 물질적인 요소는 서로 얽히며 상호 구성하는 것으로 본다. 물질성이 특히 강조되면서 신체, 재료, 배경, 객체가 결합하여 지식을 실제로 내재화하고 동원하며, 학습을 물질화하여 정치적 능력을 발휘하는 방식을 드러낸다. (p. 265)

ANT는 행위와 결과에 관여하는 인간과 비인간 행위자들의 얽힘을 풀어내는 데 도움이 되는 이론적 관점 중 하나이다. 대부분의 인간은 일이나 학습을 할 때 배경과 형상에 존재하는 물질 혹은 사물을 무시 혹은 경시하거나 종속시키는 경향이 있는데, ANT는 사물의 힘을 인정하며, 세계 안에서 진행되는 작업은 인간-비인간 파트너십을 통해 수행된다고 본다. 사물도 행위자이다. 네트워크를 형성하여 다른 사물뿐만 아니라 개별 인간과도 연결하는 행위자이다.

STS 분야에서 출발하여 후기구조주의와 민속방법론(ethnomethodology)에 뿌리를 가진 ANT는 1970년대 후반과 1980년대 초반 브뤼노 라투르Bruno Latour와 미셸 칼롱Michel Callon의 작업에서 시작되었으며, 이후 다른 사상가들이 다양한 연구 질문에 답하고자 참고하면서 발전하였다. ANT 그리고 after-ANT, 사회물질 이론의 "친척"인 복잡성 이론, 유물론적 페미니즘, 신지리학을 비롯한 물질주의적 경향은 독특한 관계론적 존재론을 가지고 있다. ANT의 강점은 실천에 대해 보다 비판적으로 질문하게끔 하는 독특한 개념적 출발점이다. 여기서는 ANT의 네 가지 주요 원칙인 (1) 비인간 행위자의 적법성, (2) 네트워크와 어셈블라지의 중요성, (3) 끊임없는 번역 작업, (4) 객체 어셈블라지의 정치를 강조하고자 하는데, 이 책 전반에 걸쳐 보다 발전된 논의를 진행할 것이다. ANT에 입문하는 이들에게 유용한 저작으로는 펜윅과 에드워즈(Fenwick & Edwards 2010)의 저서와 톰슨Thompson의 짧은 개론 논문(2015a)이 있다.

위에서 설명한 바와 같이, 첫째, ANT는 객체를 적법한 행위자로 볼 수 있는 지점을 열어 준다. "우리가 행동할 때 행동하는 것이 인간인지 사물인지에 대한 불확실성과 논쟁"(Latour 2005, p. 45)에서 출발하는 것은 일-학습 실천을 탐색하는 지점을 보다 넓게 열어 줄 수 있다. 둘째, ANT는 각 요소들이 다른 요소들과의 관계를 통해서만 그 형태와 성격을 얻는다고 주장한다(Law 2008). ANT는 특정 실천 내에서 행위자들의 연결, 근접성, 병렬 관계에 관심이 있으며, 이러한 관계가 어떻게 형성되는지에 초점을 둔다. 개별 행위자는 네트워크이므로 "행위자-네트워크"라는 하이픈이 붙은 표현을 사용한다. ANT는 ANT 이론가들이 **어셈블라지**(assemblages)라고 부르는 행위자들의 집합이 무엇이며, 하나의 실천이 어떻게 어셈블라지의 결과로 출현하는지에 초점을 둔다.

셋째, ANT에서 중요한 개념인 번역은 어셈블라지가 어떻게 형성되고 행위자들이 다른 행위자들과 자발적으로 혹은 강제적으로 아니면 무의식적으로 어떻게 상호작용하는지 살펴볼 수 있게끔 한다. 번역을 통해 여러 존재가 만나고 다른 존재와 상호작용하며, 변형되거나 연결되거나 분리된다. ANT는 행위자들의 집합이 조립되고 해체되고 재조립되는 방식에 관한 질문에 답하고자 한다. 넷째, ANT는 "실천 사이의 관계에 관해 지도를 그린다"(Law & Singleton 2012, p. 7). 일-학습 실천에서 인간과 일상 사물 사이의 관계에 관해 보다 비판적인 이해를 강조하며, 연구자, 실천가 및 정책입안자가 권력과 적법성, 타자성과 차이, 도덕성과 다층성의 개념에 대해 개입할 수 있게 한다. ANT를 통해 사물 정치에 관한 논쟁에 뛰어들 수 있다.

ANT와 현상학을 연결시킨 것은 인류학자 잉골드의 연구이다. 잉골드(Ingold 2012b)는 사물의 "객체성"에 대한 관심을 줄이고 "그것이 생성되는 물질의 흐름과 형성 과정"(p. 431)에 더 많은 주의를 기울이자고 주장한다. 그는 실천가는 단지 자기가 가진 물질과 상호작용하는 것이 아니라 그것들과 함께 상호 응답한다고 설명한다. 잉골드(Ingold 2012a)는 "서로 뒤섞인 선들의 얽힘(entanglement)"(p. 49)을 의미하는 **그물망**(meshwork)이라는 용어를 **네트워크** 대신 사용하며 사물들의 생명력을 강조한다. 아누사스와 잉골드(Anusas & Ingold 2013)는 "개별 객체들이 네크워크로 맺어진 조립물(assembly)"을 넘어서 "활발히 움직이는 물질들이 서로 얽힌 그물망에서 사물의 형태가 지속적으로 출현하는 것"(p. 66)을 고려해야 한다고 주장한다. 잉골드의 작업은 이 책 후반부에 제시하는 몇몇 휴리스틱에서 다시 논의된다.

현상학과 그 친척들

현상학은 철학 사상의 학파 중 하나로 에드문트 후설Edmund Husserl의 획기적인 작업에서 시작되었다. "사물 자체로 돌아가자(zu den Sachen selbst)"는 요청은 일상 세계와의 생동감 있는 접촉을 되살리고, 다채로운 풍부함 속에서 구체적이고 선반성적인 인간 경험에 주목하고자 하는 현상학의 목표를 잘 보여 준다. 철학 사상으로 현상학은 지금도 계속해서 발전하고 있다. 현상학은 선반성적인 경험을 돌아보는 것을 목표로 하므로 세계에 대한 급진적인 개방성을 특징으로 한다. 그 세계란 지금 살아 있는 순간에 경험하는 생활세계이다. 현상학은 이론에 끊임없이 저항하며, "반성을 반성되지 않은 의식의 삶에 맞추려고 시도한다"(Merleau-Ponty 2012, p. xxx). 이러한 방법을 통해 현상학자는 이론적 선입견이나 사전에 가진 이해가 아닌, 세계 내 사물이 "스스로 말하도록" 할 수 있다.

현상학은 인문학 연구에서 다양한 형태의 질적 탐구 방법 중 하나이기도 하다. 연구 방법론으로서 현상학에 대한 간략한 소개는 아담스와 반 매넌(Adams & van Manen 2008) 또는 반 매넌과 아담스(van Manen & Adams 2010)의 연구를 참조할 수 있다. 이 책에서는 반 매넌(van Manen 2014)의 "실천의 현상학(phenomenology of practice)"을 광범위하게 활용한다. 실천의 현상학은 면담 및 관찰과 같이 질적인 인문학 연구에서 파생된 다양한 방법뿐만 아니라 판단중지(epoché)와 환원(reduction)같은 현상학의 철학적 개념도 다양한 형태로 활용한다.

포스트휴먼 관점에서 현상학은 "주체-객체 이분법을 적법하게 벗어나는 방식으로 인간과 세계의 친밀함"을 묘사하여 이분법적 사고를 극복하려 한다(Seamon 2002, para. 26). 세계와의 일상적인 선반성적, 선목적적, 선주관적 관계는 현상학적 개념인 "지향성(intenationality)"과 하이데거(Heidegger 1962)의 "거기-존재(there-being)" 또는 "세계-내-존재(Being-in-the-World)"라는 **현존재(Dasein)**에서 포착된다. 현존재는 인간이 "거기" 혹은 즉자적인 주변 환경과 존재론적으로 분리될 수 없다는 점을 명확히 한다. 하이데거(Heidegger 1971)가 말한 대로, 우리는 "사물화된 존재이자 조건화된 자"(pp. 178-179)로 세계의 사물과 항상 이미 존재론적으로 엮여 있고 해석학적으로 참여하고 있다. 현상학적으로 말하자면 다음과 같다.

> 일상생활의 정상적인 과정에서 사물은 무관심하게 "우주 거기 밖(out there in the universe)"에서 시간과 공간의 중립적인 좌표 내에 있는 것이 아니다. 오히려 사물은 우리에게 **의미 있게** 제시되는 것이다. 단지 존재하는 것이 아니라 의미를 만들어 내고 만들어 낸 의미가 그들의 "존재"이다(Sheehan 2014, p. 111, 원문 강조).

현상학적 묘사와 성찰에서는 인간이 사물과 생활세계의 물질적 조건과 원시적으로 개입되는 방식이 특징적으로 나타난다. "현존재에게 외부는 없기에 내부에 대해 이야기하는 것도 무의미하다"(Heidegger in Carmen 2003, p. 128).

기술 철학은 현상학, 특히 마르틴 하이데거(Heidegger 1962)의 "손-안에-있는(ready-to-hand)"/ "눈-앞에-있는(present-at-hand)" 망치 분석이나 브레멘(Bremen 2012)의 《기술에 관한 질문》과 같은 획기적인 강의에서 통찰력을 얻곤 했다. 현대 현상학적 기술 철학자로는 실비아 벤소Sylvia Benso, 앨버트 보그만Albert Borgmann, 휴버트 드레이퍼스Hubert Dreyfus, 그레이엄 하먼Graham Harman(피터폴 베이벡Peter-Paul Verbeek과 함께 ANT와 브뤼노 라투르Bruno Latour의 학문에 지속적인 관심을 보인 학자이다), 베르나르 스티글러Bernard Stiegler 등이 있고 후기현상학자로는 돈 아이디Don Ihde를 들 수 있다. 현상학의 혼종인 후기현상학은 기술과 생활세계에 초점을 두면서, 하이데거Heidegger, 모리스 메를로-퐁티Maurice Merleau-Ponty 등을 참조하여 인간 주체와 관련된 물질적 객체의 체화되고, 감각적이며, 해석학적인 측면을 추적한다. 아이디(Ihde 2003)는 다음과 같이 말한다.

> [후기]현상학이 고전 현상학과 미묘하게 달라진 점은 도구와 기기의 형태로 물질성을 주제화하는 것이다. 이를 통해 이전에 경험하거나 인식하지 못했던 "세계들"을 인식할 수 있다. 도구는 말하지 않은 것을 "말하게" 하고 보이지 않는 것을 "보이게" 하는 수단이다. (p. 20)

예를 들어, 아이디(Ihde 1990)는 세계가 인간에게 제시되는 방식을 매개하는 인간과 기술과의 관계를 다양한 초점과 배경을 통해 파악했다. 기술적 인공물은 신체의 유사투명한(quasi-transparent) 확장이 되기도 하고(체화 관계), 해석해야 할 특별한 표지로 전시되기도 한다(해석학적 관계). 후기현상학이 특히 관심있는 것은 다양한 기술이 어떻게 다른 실천을 **유도**하는지 이다(Aagaard 2015). 베이벡(Verbeek 2005)는 아이디와 생태 심리학자 깁슨Gibson의 연구를 바탕으로 감각의 특질에 대한 선반성적 이해를 통해 객체가 특정 행동을 초대하거나 유도하고, 다른 행동은 억제하는지를 보여 준다.

마지막으로, 마셜 맥루한Marshall McLuhan과 같은 미디어 생태학자들과 마크 한센Mark B. Hansen과 같은 미디어 이론가들도 철학적으로 현상학과 겹치는 부분이 있다. 예를 들어, 맥루한은 한때 "미디어의 법칙(Law of Media)"(McLuhan & McLuhan 1988, p. 128)을 미디어 현상학으로 묘사하기도 했다(McLuhan et al. 1978, p. 94). 미디어 생태학은 매체를 주어진 기술이 만들어 내는 환경으로 이해한다. 환경은 효과가 발휘하는 독특한 분위기의 배경이다. 모든 매체는 모든 **삶 속의** 기술로 본질적으로 생태적이다. 매체는 확장하고 축소하며, 인간의 인식, 행동, 이해를 감염시키거나 주입하며, 개인적, 사회적, 문화적, 정치적 삶에서 잠재적으로 훨씬 광범위하게 함의와 반향을 일으킨다. 스티글러(Stiegler 1998)의 인간과 기술의 공진화인 인간의 기술발생(technogenesis)과 기억의 지속적인 외부화인

후천성계통발생(epiphylogenesis)에 대한 테제처럼 미디어 생태학자들은 인간 존재와 인간 되기의 진화가 기술과 복잡하게 얽혀 있다고 본다. 우리가 새로운 기술을 받아들이고 사용하는 법을 배우며 궁극적으로 익숙해짐에 따라, 기술은 조용히 우리 세계에 침투하여 확산한다.

한센(Hansen 2006)도 디지털 미디어를 "현상학과 물질성 사이의 끝에 위치한" 환경으로 묘사한다(p. 297). 최근 한센(Hansen 2015)은 마이크로 센서를 통해 생성된 빅데이터과 같은 21세기 미디어가 "주체 중심의 인식에서 환경적 감수성으로의 근본적인 전환"(p. 5)을 표상한다고 주장하며, 행위성에 대한 새로운 환경적 이해를 요구한다.

> 미디어 기술은 완전히는 아니더라도 의식, 주의, 감각 인지과 같은 인간의 인식 양식의 범위 밖에서 지배적으로 작동한다. 이러한 미디어 기술의 네트워크 내에서 인간이 복잡하게 얽히면서 인간의 경험은 근본적인 변화를 겪고 있다. (p. 5)

오늘날 세계를 감각하고 "떨리는(vibratory)" 미디어의 격동 속에서 한센(Hansen 2015)은 미디어 이론가의 "인터페이스"라는 개념을 거부하고 현상학이 주는 함의를 선호한다. 그에게 이론적 "인터페이스의 형상은 주체와 객체, 인간과 세계 사이의 오랜된 구분을 강화하는 역할만 할 뿐이다"(pp. 256-257). 미디어 이론을 비롯한 매체에 대한 포스트휴먼적 접근법과 현상학과의 교차점은 2장과 3장에서 보다 자세히 논의할 것이다.

현상학과 ANT를 함께 혹은 따로

현상학은 선반성적 경험을 묘사하는 데 그 목적이 있다. 이때 일상적인 삶에 친밀하게 얽혀 있는 가까운 사물과 디지털 기술에 주의를 기울인다. ANT와 같은 사회물질적 접근은 이와 같은 현상학적 기획을 수정하여, 인간과 기술이 서로 참여하여 조립, 해체, 재조립하는 관계적 연결과 실천을 추적한다. 두가지 접근 방식은 사물과 기술에 주의를 기울이는 방식에서 근본적인 차이가 존재한다. ANT의 주된 관심사는 인간과 사물의 이질적 네트워크인 반면, 현상학은 생활세계의 살아 있는 즉각성에 초점을 둔다. 각각은 서로 다른 인식론과 철학적 뿌리를 가지고 있다. 기원과 초점의 차이는 유물론적 기호학과 유물론적 해석학, 행위성과 지향성, 번역과 조건, "행위자 자체를 따르라"(Latour 2012, p. 12)와 "사물 자체로 돌아가라"(Husserl 1982, p. 252)와 같이 어휘와 방법론적 의미에서 미묘하지만 중요한 차이를 드러낸다.

ANT와 현상학은 양립할 수 없다고 주장하는 학자도 있다. 하지만 아리안 콘티(Conty 2013)는 다음과 같이 지적한다.

> 하이데거가 이미 **현존재**를 상호 의존적인 행위성의 측면에서 이해했기 때문에, 그 자체로 모든 존재의 "존재-임(is-ness)"은 구성된다. 라투르는 완전히 다른 것을 제안했다기보다 하이데거의 현상학적 발견의 방법을 더욱 발전시킨 것으로 이해할 수 있다. (p. 313)

콘티는 ANT가 현상학을 완고히 반대하는 이유에는 초기 후설과 초월적 의식에 대한 내재적 초점이 현재의 현상학적 작업과 불행히도 혼동되고 있기 때문이라고 주장한다. 오늘날의 현상학은 몇몇 예외를 제외하고는 이미 오래전에 하이데거의 상호 구성적인 세계-내-존재에 관한 존재론적 통찰을 반영하여 수정되었다. 콘티(Conty 2013)는 하이데거와 라투르 **모두** 다음과 같다고 지적한다.

> 자연과 문화, 인간과 기계 사이의 상당한 상호 의존성을 드러내기 위해서 하이데거와 라투르 모두 근대성의 특징으로 이해되는 주체/객체 구분을 극복

하고자 했다. 하이데거와 라투르는 과학 기술이 인간 주체가 세계를 이해하는 방식으로 규정한 패러다임으로 강요해 온 주체/객체 구분을 해체하려고만 하지 않았다. 이 둘은 비슷한 전략을 사용하여 전근대 문화로 관심을 돌려 현상을 존재하게끔 하는 보다 나은 수단을 찾고자 하였다. 하이데거에게는 그것이 고대 그리스였고, 브뤼노 라투르에게는 "원시적"이며 비근대적인 문화였다. 하이데거의 [기술] 분석이 공예품과 그리스 신전에 대한 향수 어린 소중함으로 색칠된 것처럼 보일지라도 기술에 대한 접근 방식은 존재론적으로 라투르와 다를 것이 없다. (pp. 311, 312)

아이디(Ihde 2012)는 하이데거의 향수 어린 분석은 "실용-현상학적 설명을 보다 잘 드러낼 수 있는 기술의 다양한 맥락과 다차원성에 대한 이해가 없어서"(p. 115) 비판받는다고 주장한다. 그럼에도 불구하고, 올센(Olsen 2010)은 "라투르의 네트워크 접근과 하이데거의 관계적 세계 사이에는 몇 가지 두드러진 유사점이 있다"(p. 73)고 지적한다. 기술철학자들은 십여 년 넘게 이와 같은 두 가지 탐구 방식 사이에서 다양한 교차점을 찾고자 하였다(Ihde 2015; Introna 2007; Verbeek 2005).

ANT와 현상학 모두 인간과 기술 관계는 상호 구성적이라고 본다. 세계의 사물이 우리를 구성하듯이 우리도 사물을 구성한다. 두 가지 접근법 모두 **세계의 사물이 스스로 말하게 하는 데 주된 관심이 있다**(Heidegger 1962). ANT에서는 행위성을 분산된 것으로 인정하면서 인간 주체는 존재론적으로 약화되고 비인간 객체는 강화되면서 주체/객체 분리가 얇아진다. 현상학에서는 주체/객체의 경계가 선반성적 생활세계의 즉각성에서 반투명해진다. 현상학은 일상적인 생활세계의 감응적 차원 혹은 지각적 반응성이라는 **수동성**을 감지하는 데 유용하다. ANT는 일과 학습 실천을 구성하는 **활동**들의 망을 묘사하는 데 탁월하다. 이 두 가지 접근법을 함께 사용하면, 주체와 객체의 변화를 강조하여 담아내고자 하면서, 분석과 성찰에서 능동과 수동이 얽혀진 상황을 만들어 낼 수 있다.

두 가지 접근법 모두 연구에 대한 감수성을 묘사하며 설명과 이론보다 풍부한 기술을 우선시한다. 일종의 "다목적, 다영역 '방법론'"(Latour 2005 p. 96~126)으로 적용되는 것을 거부하고, 현장에 따라 변화하는 다층적인 접근을 선호한다. 기술의 실천적 참여를 설명하기 위해 상호 관계론적 존재론을 사용한다. 베이벡(Verbeek 2005, p. 166)에 따르면 두 탐구양식 모두 주체/객체라는 이분법을 없애려하지만 서로 다른 방식으로 이를 수행한다. 라투르(Latour 1993)는 차이는 존재하지 않고 하이브리드 또는 유사 객체와 유사 주체를 강조한다. 현상학은 주체와 객체를 구성하는 "상호 참여"(Kaplan 2009, p. 233)를 강조하는 경향이 있다.

철학자 그레이엄 하먼(Harman 2009a)은 "출발점은 다를지라도 현상학은 라투르의 통찰과 합쳐질 만한 자원을 담고 있다"(p. 100)라고 주장한다. 두 가지 접근법 모두 사물을 고정된 객체로 여기지 않고 "상호 연결된 사물 체계"(p. 143), 즉 ANT의 네트워크와 하이데거의 장비(equipment)로 간주한다. 현상학과 ANT의 통찰을 효과적으로 활용하는 학문 영역이 늘어나고 있는 데, 비재현적 연구와 잉골드Ingold, 루카스Lucas, 인트로나Introna, 베이벡Verbeek의 작업이 포함될 수 있다. 이 두 가지 접근법은 때로는 보완적이고 때로는 대립적이지만, 디지털 사물과의 다양한 개인적, 직업적 상호 구성적 관계들을 밝혀내는 데는 분명히 생산적이다.

객체와 사물, 물질성과 매체성

이 책 전반에 걸쳐 우리는 "객체"와 "사물"이라는 용어를 자유롭게 사용한다. 두 가지 용어를 확실히 구분하지 않는 데는 물질성 담론 안에서 또 다른 이분법적 배치를 피하기 위해서이다. 두가지 용어를 바꿔 가며 사용하지만, 다른 학자가 근본적으로 다른 방식으로 사용하면 그 차이에 주목할 것이다. 예를 들어, 현상학자에게 "사물"은 모이고, 머무르며, "맥락 속에 자리 잡고 있다"(Mitchell 2015, p. 13). 반면에 "객체"(Gegenstand)는 관계적 맥락에서 일시적으로 분리되어 압축된 사물을 지칭한다.

> 사물은 단순한 존재가 아니다. 독립적이고 관계없는 객관적 존재의 단위로 이해될 수도 없다. 사물은 우리에게 관심을 호소하고, 우리는 사물을 돌보며 함께 산다. 우리는 사물에게 흔적을 남기며 닮게하고, 사물도 우리에게 흔적을 남긴다. 사물은 관계의 노드이지, 죽어 있는 무언의 객체가 아니다.
> (Mitchell 2015, p. 11)

하이데거Heidegger와 플루서Flusser를 참고하여, 잉골드(Ingold 2012b)는 객체를 말 그대로 인간에게 맞서거나 인간의 길에 던져진 것으로 묘사한다. 기껏해야 우리는 사물과 상호작용할 뿐이다. "그러나 객체가 우리에게 맞선다면, 사물은 우리와 함께 있는 것이다"(2012b, p. 436). 우리는 사물과 상호 응답한다.

> [사물은] 운동 속에 놓인 물질들의 집합, 즉, 물질 흐름이 특정하게 함께 매듭지어진 것이다. 사물을 목격할 때 우리는 사물의 지속적인 형성 과정에 함께한다. 만지거나 관찰하면서 우리 존재의 움직임은 구성하는 물질의 움직임에 밀접하게 **조응(correspondence)**한다. (Ingold 2012b, p. 436)

하이데거(Heidegger 1971)는 간단히 사물이 **사물한다**(a thing **things**)고 이야기했다. 잉골드(Ingold 2012b)는 막혀버린 객체(stepped-up objects)와 달리 **틈새를 보이는** 사물에 대해 이야기한다.

> 사물은 **틈새**가 있기 때문에 존재하고 지속할 수 있다. 지속적으로 출현하는 표면을 가로지르며 물질 사이에 교환이 일어나면서 사물은 주변 매체와 자신을 구별 지을 수 있다. 유기물의 신체와 사물은 계속해서 틈새를 보인다. 그들의 삶은 틈새에 의존한다. (p. 438)

라투르(Latour 2005)는 불확실성을 생산적으로 이해하기 위해 객체를 "사실물(matters of fact)"과 "관심물(matters of concern)"로 분리하는 일종의 병렬적 구분을 제시한다. 그러나 대체로 사회물질주의자들은 이러한 구분을 하지 않는 경향이 있다.

ANT는 종종 객체 중심적인 관점으로 언급되지만, ANT 학자들은 객체를 묘사하기 위해 행위자, 존재(entities), 사물과 같이 여러 가지 용어를 바꿔 가며 사용한다. 사회물질적인 분석에서 중요한 것은 **어셈블라지**, 즉 인간과 비인간, 유기체와 무생물, 행위자와 네트워크의 얽힘이다. ANT는 사물 또는 객체를 온전히 관계를 통해 정의한다(Harman 2009a). 어셈블라지의 요소는 다른 것들과의 관계 속에서 그 형태와 성질을 얻기 때문에(Law 2008), 사물과 인간의 집합에 관심을 가지는 것은 당연하다. 개별 요소들을 고려하면 각 존재들의 이동성과 유동성에 초점이 맞춰지게 된다. 이는 라투르의 불변하는 이동체(immutable mobiles), 존 로와 비키 싱글톤(Law & Singleton 2005)의 불 객체(fire objects) 개념, 네트워크에서 보이거나 보이지 않는 것 혹은 타자화된 것을 연상시킨다.

현재 사회물질적 연구에서는 "물질성(materialities)", "물질(materials)", "물(matter)"과 같은 용어를 사용하는데, 펜윅(Fenwick 2014b)은 다음과 같이 설명한다.

> "물질"은 유기적이고 무기적이며, 기술적이고 자연적인 우리 삶의 일상적인 모든 것을 의미한다. 그 예로는 피와 살, 양식과 체크리스트, 진단 기계와 데이터베이스, 가구와 비밀번호, 눈보라와 통신 불가능 지역 등이 있다. "사회적"이라는 것은 상징과 의미, 욕망과 두려움, 문화적 담론을 일컫는다. 물질적인 힘과 사회적인 힘 모두 일상 활동을 이끌어 내는 데 함께 작용한다. (p. 47)

물질성은 어셈블라지의 힘, 움직임, 형태 변화, 참여와 연결 방식에 관한 것이다. 물질성은 물질과 행위 모두를 포함한다. 에스트리드 쇠렌센Estrid Sorensen은 《학습의 물질성》(2009)에서 다음과 같이 설명한다.

> 나는 물질을 정제된 비인간적 특성을 획득한 존재로 보고, 물질성은 다른 부분과 관계를 맺게 하는 하이브리드의 획득된 자질로 본다. 따라서 물질성이라는 개념은 물질적 부분은 물론 사회적인 부분에도 적용된다. (p. 61)

쇠렌센은 "물질"이라는 용어가 결국 필요 없게 될 것이라고 추측한다. 하지만 그 전까지는 물질과 물질성이라는 용어를 구분하면, "학습 및 교육 실천에서 우리를 둘러싸고 있는 실체적이고 물질적인 사물"에 충분히 주목할 수 있고, "사물"을 통해, 사물과 함께, 혹은 사물 주위에서 구성되는 사회적 관계에 더욱 예민하게 반응할 수 있다고 주장한다. 반면, 잉골드(Ingold 2007)는 "물질성"이라는 용어를 완고히 반대하며, 물질성은 불행하게도 미끄러짐을 표상한다고 말한다.

> 물질성이라는 죽은 손에 의해 질식된 이 세계는 이론가들의 꿈속에서 마법의 정신 가루, 즉 구성 요소 사이에 뿌려져 물리적으로 움직이게 만드는 마법을

> 일으켜야만 다시 살아날 수 있다. 마법의 가루는 문헌에서 **행위성**으로 불리며 큰 기대를 모았다. 원인에 따라 결과가 뒤따르는 것처럼 행위에는 행위성이 있다고들 한다. (p. 11)

잉골드는 "현상적 세계에서 모든 물질은 되기이다(2012b, p. 435)"라고 말하며 보다 완화된 용어인 "물질"을 고수하고자 한다.

맥스 반 매넌은 《실천의 현상학: 현상학적 연구와 글쓰기에서 의미부여 방법》(2014)에서 인간 삶을 구조화하는 다섯 가지 "실존"(p. 302) 또는 보편적 주제로 관계성(체험된 관계), 신체성(체험된 몸), 공간성(체험된 공간), 시간성(체험된 시간), 물질성(체험된 사물)을 제시하였다. 여기서 "물질성"은 세계 속 사물에 대한 선반성적 이해 또는 의미 있는 만남을 가리키며, 예를 들어 하이데거(Heidegger 1962)의 "손-안에-있는" 것 혹은 "주체성의 물질화(the materilaization of our subjectivity)"(van den Berg 1972, p. 32)와 비슷하다. 물질성은 "[사물과 기술]이 우리 삶에 미치는 도덕적 힘"(van Manen 2014, p. 307) 혹은 "[한 인간의] 존재 안에 있는 사물이 말하는 [관계적] '언어'"(van den Berg 1972, p. 32)를 묘사하는 데 사용될 수 있다. 마지막으로, 아담스와 인(Adams & Yin 2014)은 관련 용어인 "매체성(mediality)"(p. 227)을 사용하여 체험된 기술을 설명하였다. 매체성은 사용 중인 기술을 매체라고 보는 미디어 생태학의 통찰에 주목한다. 즉, 기술은 특별한 환경적 기반이나 분위기를 조성하고, 세계에 대한 우리의 경험을 조건화, 번역, 심지어 변형의 방식으로 매개한다.

객체와 면담하기

면담하기

연구에서 객체에게 목소리를 부여하기 위해서는 라투르(Latour 2005)가 "특별한 요령(specific tricks)"(p. 79)이라고 부르는 것을 사용하여 일상과 일의 실천에서 사물이 우리에게 말을 걸도록 초대하는 것이 필요하다. 라투르(Latour 2005)는 이러한 요령을 통해 사물은 "자신을 묘사하고, 인간 혹은 비인간 존재의 행위에 대한 대본을 만든다"(p. 79)라고 설명한다. 저자인 우리는 연구를 시작할 때 이러한 요령을 사용하지 않았다. 그래서 아담스의 현상학적 연구(Adams 2006, 2010, 2012, 2016, 2017; Adams et al. 2014; Adams & Yin 2014; van Manen & Adams 2009)와 톰슨의 ANT 연구(Thompson 2012a, 2012b, 2015a, 2015b, forthcoming)에서 교수 실천과 학습 활동에서 디지털 기술이 만들어 내는 독특한 기여를 설명하는 데 어려움이 있었다. 이러한 어려움 때문에 사물이 말을 걸도록 유도하는 다양한 접근법을 실험하게 되었다. 여러 접근법을 탐색하면서 기술을 연구 참여자로 받아들이게 되었고, 이 과정을 "객체와 면담하기"로 표현하기 시작했다.

우리가 **면담**이라고 하는 것은 인간 연구 참여자와 진행하는 면담을 의미하지 않는다. "면담"이라는 용어의 어원과 원래의 의미에 더 주목하고자 한다. "면담(interview)"이라는 단어는 프랑스어 동사적 명사(verbal noun) s'entrevoir에서 유래했는데, 상호 혹은 사이를 뜻하는 entre와 보다를 뜻하는 voir라는 두 가지 부분으로 구성되어 있다. 이를 합치면("inter"+"view") 면담은 "서로 보기 위해 잠시 만나서 일별하는 것"을 의미한다. 객체나 사물과의 면담은 객체나 사물이 수행하면서 인간의 몸짓과 이해를 매개하거나 다른 것들과 연관될 때, 행동하는 것을 통찰력 있게 일별하는 것이다. 이러한 객체와의 면담은 사물이 인간 및 다른 비인간 존재와 일상적인 상호작용을 하거나 연관될 때, 이를 관찰할 기회를 포착하는 것이다. 객체와의 면담은 사물에 귀 기울이며, 행동하는 것을 관찰하고, 주변의 다른 존재와의 관계와 이들의 상호 구성적 영향을 분별하는 접근법이다.

이러한 접근법을 객체와 "면담하기"라고 명명하는 것이 지금껏 주장했던 인류중심적 편견과 이분법을 해체해야 한다는 입장과 모순되는 것처럼 보일 수 있다. 우리는 면담을 두 인간 간의 특정한 목적과 프로토콜을 갖춘 공식적인 대화로 생각하거나, 곤혹스러운 심문과 같은 일방향적 과정을 떠올리기도 한다. 예를 들어, 취업 시 면담은 힘을 가진 자가 수행하는 일종의 심문이다. 하지만 이는 우리가 이야기하는 면담과는 거리가 멀다! 객체와 면담하기는 일상적인 맥락에서 뒤로 물러나 '어둠 속에 있는' 사물이 침묵을 유지할 수 있게 하면서도, 부드럽게 밝은 곳으로 이끌어 내어 말할 수 있는 시간과 공간을 내어주고 비로소 우리가 사물에 주목하는 것을 의미한다. 따라서 면담하기란 조심스럽고 호기심 어린 시선과 존중의 눈빛을 담고 있다.

목소리 및 말하기와 같은 개념이 인간 언어에 대한 이해에 매몰되어 있다는 것도 잘 알고 있다. 하지만, 사물은 우리가 일별할 수 있도록 여러 가지 방식으로 말한다. 2장에서 사물은 항상 이미 선반성적으로 말하고 있음을 보여 줄 것이다. 사물은 계속해서 자신들과 함께 응답하고 상호 응답하도록 우리를 초대한다. "정상적인 인간에게 객체는 '말해서' [parlant] 의미가 있다"(Merleau-Ponty 2012, p. 133). 객체를 행위자로 따라가면, 사물은 흔적을 남기고, 행동하며, 경고음을 내고, 윙윙거리고, 지저귄다는 것을 알게 된다. 사물은 모이라고 손짓하다가도 나타났다 사라지기도 한다. 따라서 객체와 면담하기는 관찰하는 자세와 경청하는 태도를 포함한다. 포스트휴먼 연구자는 사물의 활동에 주목하고 계속되는 속삭

임에 귀를 기울여야 한다.

캐런 바라드(Barad 2003)가 제안한 **내행**(intra-action)이라는 개념이 여기서 도움이 될 수 있다. 바라드Barad는 보어Bohr를 인용하여 "주된 인식론적 단위는 고유한 경계와 속성을 가진 독립된 객체가 아니라 **현상**"(p. 815, 원문 강조)이라고 말한다. 그녀는 상호작용(inter-action)이 아닌 내행(intra-action)이라는 개념을 제안하며, 상호작용은 "독립적인 존재/관계자의 선험적 존재를 전제로 한다"(p. 815)라고 설명하는 반면, 내행에서는 선험적으로 존재하는 것이 없다. "현상은 존재론적으로 원시적인 관계이다"(p. 815). 바라드(Barad 2003)는 "현상에서 '구성 요소'의 경계와 속성이 결정되고 특정하게 체화된 개념이 의미를 갖게 되는 것"(p. 815)은 내행의 작용을 통해서라고 주장한다. 다시 말해, 인간이든 비인간이든 객체는 얽혀 있는 관계의 망을 통해 출현하는 것이다.

바라드의 포스트휴먼적 이해는 객체와 면담하기에 적용될 수 있다. 보고 보이며, 만지고 만져지는 보기의 상호성을 강조하는 **상호-보기**(inter-viewing)는 보기의 친밀한 관계를 노출할 수 있는 **내부-보기**(intro-viewing)에 대응될 수 있다. 상호/내부-보기는 관찰자와 피관찰자 사이의 경계를 흐리고, 인간 면담자와 비인간 면담 대상자 사이의 움직임과 관계적 담론이 바라봄과 상호 응답으로 펼쳐지는 하이브리드 형태로 조립된다. 마이클(Michael 2004)이 주장하듯이, 연구자가 존재에 "'대해', 존재를 '위해', 존재 '자체'를 이야기"하는 것이 아니다. 대신, 연구자는 "존재와 '함께', 존재에 '의해', 존재를 '통해', 존재'로서'(p. 20) 이야기"해야 한다. 내부/상호-보기에서는 인간-기술처럼 별개의 사물을 연결하는 하이픈이 사라지면서 경계는 허물어지고 녹아내려서, 인간이 비인간에 대응하여 어디에서 시작하고 어디에서 끝나는지 구별할 수 없게 된다. 포스트휴먼 탐구 그리고 실제로 모든 탐구는 수행적 성격을 가질 수밖에 없는 이유이다.

휴리스틱

포스트휴머니즘을 통해 연구와 기술이 광범위하게 사용되는 실천을 새롭게 생각할 수 있다. 이 책에서는 연구자와 실천가가 비인간적 전회의 관점에서 새로운 방법론적 가능성을 탐색할 수 있는 여덟 가지 휴리스틱을 제시한다. 각 휴리스틱은 연구 현장은 물론 개인적 혹은 전문적 생활세계에서 발견되는 **비인간들과 대화하는** 방법, 즉 그들을 가시화하고 질문하는 방법을 제공한다. 이 책의 휴리스틱은 일과 학습 실천의 물질성을 탐구한 우리의 포스트휴먼 연구에서 파생되었다. 이전 저술(Adams & Thompson 2011; Thompson & Adams 2013)을 바탕으로 두 개를 추가하고 다른 것들은 통합하여 발전시켰다. 우리의 주된 관심은 디지털 사물에 있지만, 객체 면담을 위한 휴리스틱은 다른 비인간 존재에도 적용될 수 있다.

휴리스틱은 단계별 절차도 아니고 특정 결과를 보장하는 알고리즘도 아니다. 다소 혼란스러울 수도 있는 "후속 실험이나 정교화가 필요한 출발점"("Heuristic Methods" n.d., para. 17)이다. 새로운 것을 발견하거나 밝히거나 찾아내려는 발명과 같은 접근법이다. 이러한 접근법은 누군가의 길을 뒤따라가는 **메타도스**(methodos)의 기분으로 여행하는 방식이다. 연구자나 실천가는 다른 이들이 이전에 걸었던 길에서조차 놀라거나 예상치 못하게 돌아갈 수도 있다는 생각을 가지고 출발해야 한다. 여기서 살펴보는 포스트휴먼의 토대는 비교적 새롭지만, 모든 형태의 질적 연구와 마찬가지로 이러한 탐구 양식의 가치는 연구자가 개방적이고 잠정적인 태도를 유지하는 능력에 달려 있다. 따라서, 휴리스틱은 처방적인 방법이 **아니라 가능한 탐구법**이다. 이는 현상학(아담스)과 ANT(톰슨)를 사용하여 학습과 일의 실천 및 공간에서 특정 기술이 관여한 양상을 연구한 우리의 경험을 바탕으로 한다. 하이데거(Heidegger 1971)는 《사물》이라는 논문의 에필로그에서 다음과 같이 방법론적 조언을 한다.

> 여기서 모든 것은 들으면서 검토하는 응답의 길이다. 모든 길에서는 항상 길을 잃을 위험이 있고, 길을 잃을 수도 있다. 이러한 길을 따라가려면 걷는 연습이 필요하다. 그런데 연습에는 기술이 필요하다. 길 위에 있으려면, 진정으로 필요한 것은 실수는 하더라도 확고한 사고의 기술이다. (p. 184)

마찬가지로, 우리의 휴리스틱 역시 응답하면서도 절제된 메타도스의 정신에 기반한다. "들으면서 검토하는 응답"의 새로운 길을 발견하고 탐색하고 실천하는 것이다.

휴리스틱은 연구 현장에서 비인간의 기여를 회복하는 데 필요한 서로 다른 감수성을 제공한다. 모든 휴리스틱을 적용할 필요는 없으며, 모든 질문을 할 필요도 없다. 실제로 특정 휴리스틱을 적용하여 생성된 면담 자료는 다른 휴리스틱을 사용하여 발견된 통찰과 겹치거나 뒷받침할 수 있다. 예를 들어, 고장과 사고를 연구하면 당연하게 여겨온 인간-기술-세계의 배경 관계를 드러낼 수 있으며, 기술의 증폭/축소 구조 속에 숨겨진 세부 사항을 밝혀내는 데에도 도움을 줄 수 있다. 휴리스틱은 탐구를 위한 접근법으로 개별적으로 사용하거나 다른 연구 방법에 부가적으로 사용할 수도 있다. 하나의 연구에 모든 휴리스틱이 적용될 필요도 없다. ANT와 현상학을 토대로 구성된 질문을 사용하면, 중복과 모순이 생길 수도 있다. 연구자는 자신의 철학적, 이론적, 방법론적 전망과 일치하는 부분과 일치하지 않는 부분을 숙고할 필요가 있다.

이 책의 구성

2장과 3장에서는 객체와 면담하기 및 사물과 대화하기 위한 여덟 가지 휴리스틱에 대해 자세히 살펴본다. 해당 장은 질적 연구의 주요 활동인 자료 수집(객체에 주목하기, 사물에 조율하기) 및 자료 분석(그물망 느슨하게 하기, 매체성과 물질성 분석하기)과 느슨하게 연결되어 있다. 모든 연구 활동과 마찬가지로 자료 생성과 분석은 겹치기도 하고, 서로 영향을 주기도 하며, 그 경계가 모호하기 때문에 휴리스틱의 사용도 선형적이지 않다. 연구자와 실천가가 일상의 실천에서 다양한 형태로 사물에 질문하고 이를 통합할 수 있도록 일종의 길을 제시하는 방식으로 각 장을 구성하였다. 연구 현장, 전문적인 맥락, 혹은 일상생활 상황에서 일부 또는 모든 휴리스틱을 시도해 보면, 포스트휴먼 탐구를 수행하는 데 필요한 세심한 안목과 비판적 감수성을 개발할 수 있을 것이다.

각 휴리스틱은 객체 면담 질문과 함께 소개된다. 우리가 수행한 연구를 예시로 활용하여 휴리스틱을 소개하고, 추가로 문헌 및 일상의 실천에서 찾은 경험적 예시를 통해 논의를 확장한다. 각 휴리스틱은 서로 다른 스타일과 어조로 제시되는데, 이러한 차이는 휴리스틱이 파생된 이론적 틀이나 철학적 뿌리를 반영했기 때문이다. 어떤 경우에는 첫 번째 휴리스틱인 일화 수집에서처럼 이러한 차이점이 명시적으로 드러나기도 한다. 2장은 일상적인 상황에서 객체와 사물이 "말하고" "행동하는" 것에 주목 및 조율하고, 추가 분석에 필요한 자료를 수집하기 위한 휴리스틱을 다룬다. 휴리스틱은 다음과 같다.

1. 일화 수집하기
2. 행위자 따라가기
3. 사물의 초대된 성질에 귀 기울이기
4. 고장, 사고, 이상 현상 살펴보기

3장에서는 우리가 디지털 사물에 개입하는 데 숨겨진 측면을 드러내기 위해 일상 실천의 그물망을 풀고, 이해하며, 부드럽고 느슨하게 하는 데 도움이 되는 네 가지 휴리스틱을 소개한다.

5. 인간-기술-세계 관계의 스펙트럼 분별하기
6. 미디어의 법칙 적용하기
7. 번역 풀어내기
8. 응답과 경로 추적하기

휴리스틱은 포스트휴먼 연구를 수행하기 위한 단계적 프로그램이 아니다. 각 휴리스틱은 동일한 상황을 조사하더라도 새로운 시각을 제공할 수 있다. 디지털에 대한 새로운 포스트휴먼 사고 방식을 불러일으키거나, 다른 방법으로는 얻을 수 없는 새로운 통찰력을 보여 줄 수 있다.

객체 면담 휴리스틱을 자세히 살펴본 후, 4장에서는 연구자가 연구에서 사용하는 디지털 객체인 디지털 레코더, 질적 자료 분석 소프트웨어, 연구 자료 등에 대해 성찰해 본다. 이러한 디지털 사물은 연구 활동과 지식 구성에 공동 연구자로 참여하며, 필연적으로 새로운 긴장과 모순을 불러일으킨다. 연구자의 일은 디지털을 연구하고, 디지털과 함께 연구하고, 생성되고 의미 부여된 디지털 자료를 다루는 것이다. 여기서 연구자는 자신의 학문적 실천의 대상을 면담해야 한다.

마지막 장에서는 디지털이 가져온 몇 가지 실천적 긴장을 살펴보고, 오늘날 연구자와 실천가에게 요구되는 새로운 디지털 유창성을 추적한다. 포스트휴머니즘의 맥락에서, 유창성(fluencies)이라는 용어는 직장, 사회, 학교, 고등교육에서 윤리적, 교육적, 정책적 응답에 대한 함의를 지닌 **합류성**(confluencies)로 대체된다.

CHAPTER
02

객체에 주목하기, 사물에 조율하기

CHAPTER 02

객체에 주목하기, 사물에 조율하기

초록

객체와 면담하기를 위한 처음 네 가지 휴리스틱인 일화 수집하기, 행위자 따라가기, 사물의 초대적 성질에 귀 기울이기, 고장, 사고, 이상 현상 살펴보기를 소개한다. 이러한 휴리스틱은 독자가 실천의 객체와 사물에 조율하여 포스트휴먼적 성찰 및 분석에 필요한 질적 자료를 수집하는 데 초점을 맞춘다. 각 휴리스틱은 가능한 객체 면담 질문으로 시작하며, 해당 휴리스틱의 이론적 토대, 실제 적용 사례 및 예시를 통해 심층적인 설명으로 이어진다.

주요어: 일화, 고장, 행위자 따라가기, 초대적 성질

객체에 주목하고 사물에 조율하기는 일상 세계를 새롭게 바라보는 것을 의미한다. 앤드루 피커링(Pickering 2005)은 이를 양쪽 눈으로 포스트휴먼하게 보는 시선으로 "이중으로 보기", 즉, "인간과 비인간을 동시에 보고, 그중 하나를 제거하려 하지 않는 것"(p. 31)이라고 설명하였다. 이는

"물질 세계에서 인간의 흔적을 완전히 제거"하려는 엄격한 과학자의 시각도 아니고, "물질 세계를 언어적 마술로 사라지게 한 뒤, 그 잔재로 남은 사회적 세계"(p. 31)만을 다루는 사회학자의 시각도 아니다. 객체에 주목하고 사물에 조율하기는 이러한 학문적 분리를 극복하고 반성 (또는 성찰) 이전에 경험하는 그대로의 세계로 돌아가고자 하는 시도이다. 이는 "물리학자나 생태학자가 연구하는 날것 그대로의 상태가 아니라, **의미**로 가득 찬 상태"(p. 30, 원문 강조)의 세계를 말한다. 인간 주체와 비인간 객체가 명확히 분리되기 이전, 자연과 인공물, 가상과 현실, 내부와 외부가 나뉘기 이전, 실천의 맥락 속에서 체험되는 '지금'의 순간을 가리킨다.

이 장에서 설명하는 네 가지 객체 면담 휴리스틱은 세상을 포스트휴먼적으로 이해하는 방식으로 들어가는 입구를 제공한다. 이중으로 보는 시각을 얻으려면 단순히 보는 것을 넘어 실제로 행동하는 것이 중요하다. 따라서 이 글을 읽으면서, 일상 세계나 업무 환경에서 발견되는 하나 이상의 사물을 연구하고 면담해 보기를 권한다.

휴리스틱 1:
일화 수집하기

면담 질문

- 사물이나 객체가 전문적 실천이나 일상생활에서 어떻게 나타났는지, 등장했는지, 혹은 주어졌는지 묘사해 보자. 무슨 일이 일어났는가?

브뤼노 라투르는 1992년 논문 《실종된 물질들은 어디에 있는가? 몇 가지 일상적인 인공물의 사회학》을 다음과 같은 일화로 시작한다.

> 오늘 아침 나는 기분이 좋지 않아 법을 어기기로 마음먹고, 안전벨트를 매지 않은 채로 차를 출발시키려 했다. 내 차는 보통 운전자가 안전벨트를 매지 않으면 시동이 걸리지 않는다. 처음에는 빨간 불빛이 깜빡이며 "안전벨트를 매세요!"라는 메시지를 보이며 경보음이 울리는데, 그 소리가 너무 높고 집요하게 반복을 해서 참을 수가 없다. 10초 후 욕설을 퍼붓고 결국 벨트를 매곤 했다. 이번에는 경보음을 20초 동안 견디다가 결국 포기했다. 기분이 더 나빠졌지만, 적어도 법을 지켜서 마음의 평화를 찾았다. 나는 법을 어기고 싶었지만, 그러지 못했다. (Latour 1992, p. 225)

이 소소한 이야기는 라투르에게 도덕적 행위성이 어디에 위치하는지에 대해 구체적인 성찰의 기회를 제공한다. 도덕적 행위성은 "인공물의 무의식적인 힘에 지배당하는 인간 운전자에게 있는가? 아니면 인공물이 무의식적인 인간에게 법을 지키도록 강제하고 있는가?"(p. 225). 유머러스한 안전벨트와의 다툼은 일상의 익숙하고 평범한 흐름 속에 존재하는 열쇠, 문, 과속방지턱과 같은 다른 일상적인 객체들에 대한 라투르 분석의 근간을 이룬다. 이러한 순간이 실제로 일어났든, 그의 상상력이 만들어낸 것이든, 일화는 라투르와 독자에게 친숙하거나 적어도 그럴듯한 사건을 깊이 탐구할 기회를 제공한다.

그렇다면 일화란 무엇인가? 그리고 일상의 실천에서 사물에 대한 감수성을 높이기 위해 연구자는 어떻게 휴리스틱을 사용할 수 있을까? 가장 익숙한 형태로 일화는 일상 대화의 맥락 속에 녹아 있는 작은 이야기(petits récits)이다. 일화를 이야기할 때, 강렬한 인상을 남기거나, 흥미를 끌거나, 우리에게 관련된 사건이나 삶에서 일어난 일을 체험한 대로 세세하게 설명한다. 반 매넌(van Manen 2014)에 따르면, 일화는 현상학적 탐구의 핵심 자료이다. 그는 "일화는 의미를 경험적으로 파악하게 한다"(p.

250)라고 주장한다. 구체적으로, 일화는 단일 사건을 묘사하는 간결한 내러티브로, 보통 현재 시제를 사용하여 지금 이 순간의 생생함을 전달한다. 중요한 구체적 세부 사항을 포함하되, "강렬하거나 인상 깊은 마지막 한 줄"(p. 252)로 마무리되곤 한다. 일화는 특정 사건이나 순간을 "**일어난 그대로, 경험적 관점에서**"(p. 34, 원문 강조) 보여 준다. 또한, "실제 혹은 허구적 의미에서 구체적이면서 삶에서 가져온 내러티브 장치이며, '예시'로 제시될 수 있다"(p. 250). 묘사로서의 일화는 이론, 범주화, 인과적 설명을 거부하며, **무엇이 일어났는지**를 세세히 기술할 뿐 왜 일어났는지를 설명하지 않는다. 강력한 현상학적 혹은 사회물질적 텍스트로서 일화는 설명하거나 주장하기보다는 묘사하고 **보여 줄** 뿐이다(van Manen 2014).

라투르의 안전벨트 이야기가 그러하듯, 일화에서 중요한 것은 **사실적으로** 혹은 검증 가능할 정도로 정확한지가 아니라 **허구적으로** 진실한지 여부이다. 즉, 일화는 설득력 있고, 생활세계에 반향을 일으킬 수 있어야 한다. 일화는 가능한 인간 경험이나 일상생활에서 관찰된 순간을 **재조립**하고 **닮아야** 한다. 일화의 허구성을 인정하는 것은 **모든** 연구 텍스트가 일종의 창의적 재구성, 선택적 편집, 심지어 시적 발명을 포함한다는 사실을 인정하는 것이기도 하다. 우리가 살아 낸 순간을 묘사하거나 관찰된 사건을 언어로 표현하려면, 우리가 경험하고 인지한 것을 전달하기 위해 인간 언어의 암묵적 기반과 한계에 의존할 수밖에 없다. 더불어, 우리가 경험하는 세계의 상당 부분은 언어로 묘사할 수 없으며, 그래서 글의 행간에서 조용히 사라질 수밖에 없다. 모든 묘사적 텍스트는 우리가 처음으로, 그리고 반성 이전에 나타난 것을 다시 포착하고 이해하려는 **시도일** 수밖에 없다. 따라서 일화는 모든 텍스트와 마찬가지로 하나의 제조(fabrication)이다.

포스트휴먼적 일화: 사물의 작용과 비인간의 행위 보여 주기

일화는 포스트휴먼 연구에서 특별한 중요성을 지닌다. 텍스트적 묘사를 통해 일상의 사건 전개를 재조립하고 시뮬레이션하면서, 일화는 사물의 등장 혹은 비등장을 대변하고 설명한다. 인간과 비인간의 행위와 비행위가 일상적이든 비일상적이든 삶의 사건 속에 어떻게 엮이고 얽혀 있으며, 그 안에서 서로 연루되는지를 보여 준다. 이러한 관점에서 일화는 명백히 "모든 인간이 자신의 세계와 유지하는 **대화적 관계** 현상을 이해 가능하게 하는 장치"(van Manen 1989, p. 249)이다. 일화는 암묵적이든 명시적이든, 우리가 사물과 지속적으로 맺고 있는 친밀한 관계를 묘사한다.

특정 일화에서 직접 언급되지 않더라도 사물은 배경, 분위기, 피할 수 없는 현재의 상황을 조용히 이끌고, 투명하게 만들면서 존재한다.

> 어디로 눈을 돌리든, 거기에는 사물들이 있다. 눈을 감아도 여전히 냄새, 소리, 맛, 혹은 거의 감지할 수 없는 감각으로 존재하며, 상상 속에 떠돌며 자신의 생명력을 드러낸다. 삶의 시작에서 끝까지, 인간의 유한성은 사물(Dinge)에 의해 조건 지어진다는 점에서, **하이데거**가 말하는 bedingt로 표시된다.
>
> (Benso 2000, p. 144)

심지어 은둔자조차도 사물과의 이 끊임없는 만남에서 예외가 아니다! 말하자면, 우리는 항상 이미 사물들로 **둘러싸여** 있다. 일화는 인간과 사물로 가득 찬 주변 환경이 **있는 그대로, 그리고 변화하는 모습 그대로** 드러날 수 있도록 한다. 이러한 환경은 가벼운 유동성에서부터 멈춤의 순간들, 주의 깊은 수동성에서부터 정교하게 연출된 퍼포먼스까지, "자연 상태에서" 누리는 사물의 불안한 생명력을 담고 있다. 이러한 "기술적 구성"(Hirschauer 2006, p. 436)은 우리가 사건이 펼쳐지는 생활세계를 재구성하게 하고, 반성적 분석을 통해 불변적인 측면과 진화하는 복잡성을 이해하게끔 한다.

일화는 두 가지 유형으로 나눌 수 있다. 첫 번째는 경험적인 1인칭 일화이며 두 번째는 관찰 중심의 3인칭 일화이다. 두 가지 유형 모두 현상학적 연구와 사회물질적 연구에서 발견될 수 있다. 현상학적 탐구는 주로 1인칭의 체험 서술(Lived Experience Descriptions)을 중시하는 반면, 행위자-네트워크 이론(ANT)은 세밀한 관찰과 보고를 선호한다. 예를 들어, 현상학적 일화는 "반성되지 않은 의식의 삶(the unreflective life of consciousness)"(Merleau-Ponty 2012, p. xxx)을 재현하려는 것을 목표로 한다. 반면, 사회물질적 일화는 인간과 비인간 행위자가 실천 속에서 행위하며 동시에 행위의 대상이 되는 모습을 인정하며, 이를 통해 "민주적인" 접근 방식을 취하려 한다. 더 나아가, 이러한 일화는 보다 급진적으로 "기술적 객체를 내러티브의 중심 인물로 전환"(Latour 1996, p. vii)하기도 한다.

포스트휴먼적 일화 구성하기

일화는 1인칭 서술이든 3인칭 관찰이든, 인간과 비인간이 모두 참여하여 각자의 역할을 수행하는 일상적 사건과 상황을 재창조한다. 일화는 인간과 비인간, 주체와 객체, 내부와 외부, 능동과 수동, 인지적 의미와 비인지적 의미 등 이전에 분리되어 있던 생활세계의 하나 또는 그 이상의 측면을 하나로 엮어 낸다. 포스트휴먼적 일화를 구성하기 위한 원재료는 다양한 출처에서 수집할 수 있는데, 일반적으로는 인간을 대상으로 한 심층 면담과 현장 관찰이 포함된다. 예를 들어, 현상학적 면담을 통해 생성된 1인칭 시점의 체험 서술은 다양한 디지털 기술이 반성 이전의 삶의 흐름에서 어떻게 얽혀 있는지를 잘 보여 줄 수 있다. 사회 물질적 관점에서 이루어진 관찰을 통해 생성된 묘사적 메모는 인간과 비인간이 행동하는 모습을 목격하여 그 흔적을 제공한다. 그 외에도 개인적인 경험, 소셜 미디어부터 뉴스 기사를 포함한 온라인 자료, 연구 참여자 혹은 연구자 일지, 역사 문서, 보고서 및 정책 편집본, 기술 매뉴얼은 물론 영화, 사진 이미지, 소설, 시각 예술, 시 등이 활용될 수 있다. 무엇이 포함될 수 있는가에 대한 기준은 복잡하지 않다. 해당 자료가 특정 기술이 전문적 실천이나 일상생활에서 어떻게 채택, 사용, 통합, 동원되는지를 보여 주는지가 핵심이다.

디지털 기술에 명시적으로 초점을 맞추지 않았던 질적 연구에서 생성된 면담 전사본, 관찰 노트 또는 일지도 일화를 재구성하는 데 사용할 수 있다. 하지만 연구자가 처음부터 특정 기술의 사용을 세밀하게 묘사하고 재구성하는 데 집중한다면, 더 풍부한 자료를 수집할 가능성이 높아진다. 포스트휴먼적이고 사물 감수성에 기반한 면담을 인간 참여자와 진행하기 위해서는, 연구자가 관심 있는 디지털 기술에 주의를 기울여야 하며, 인간 참여자가 일상적 실천을 설명할 때 나타나고 사라지는 다양한 비인간 행위자들에게도 주의를 기울여야 한다. 인간 대상의 면담 질문은 다음과 같이 구성될 수 있다.

- 최근 기술 X를 사용했던 마지막 순간을 떠올릴 수 있습니까? 어디에 있었습니까? 어떤 일이 있었는지 자세히 설명해 줄 수 있습니까?
- 기술 X와 관련된 다른 순간들을 기억할 수 있습니까?

이러한 질문은 생생하고 자세한 설명과 회상을 이끌어 낼 수 있다.

다음 일화는 파워포인트를 사용한 강의 경험을 조사한 현상학적 면담에서 발췌한 것이다(Adams 2010). 면담 초반에 연구 참여자인 대학 교수는 파워포인트를 거의 사용하지 않는다고 단언했다. 그는 파워포인트에 대해 심한 편견을 가지고 있다고 인정했지만, 가끔 사용하는 경우도 있다고 덧붙였다. "좋습니다. 그럼 마지막으로 파워포인트를 사용했던 때를 기억할 수 있습니까?"라고 물으며 그런 경우를 기억해 보라고 하자, 잠시 생각에 잠긴 후, 다음과 같이 사건을 묘사했다.

> 얼마 전, 파워포인트를 좋아하는 동료가 부득이하게 자리를 비우게 되어 강의를 대신한 적이 있습니다. 학생들 앞에 서서 제 노트북에서 동료의 파워포인트 파일을 열었는데, 파일 크기가 너무 커서 시스템이 이를 처리하느라 버거워했죠. 파일을 여는 동안, 저는 학생들에게 "여러분의 교수님이 오늘 다뤄야 할 슬라이드를 143장 남기고 가 버리셨습니다"라고 말했습니다. 계산해 보니 "그 말은 21초마다 한 장씩 넘어가야 한다는 뜻입니다. 그러니 서둘러 시작해야겠네요!" (p. 9)

이 일화는 파워포인트가 강의를 슬라이드 수와 시간당 다루어야 하는 강의 분량이라는 관점에서 정의할 수 있음을 보여 준다. 파워포인트는 서두르며 멈춤없이 강의해야 한다는 경우와 같이 교수와 학습의 속도를 미리 결정짓고, 강의가 질문이나 의미 있는 논점 전환의 기회를 거의 제공하지 않도록 몰아갈 수 있다. 또한 파워포인트가 교수자로 하여금 슬라이드 중심의 효율적인 교수-학습 스타일을 채택하도록 할 수 있다는 것을 암시한다. 물론, 해당 교수가 가진 편견을 고려했을 때, 사건 묘사에는 약간의 과장이 섞여 있을 수 있다. 그럼에도 불구하고, 라투르의 안전벨트 이야기처럼, 이 일화는 파워포인트가 교육 기술로 사용될 때 동원되는 독특한 실천과 제기될 수 있는 교육적 우려에 대한 통찰을 제공한다.

어떤 기술은 너무 당연하게 여겨지거나 실천에 깊이 통합되어 있어서, 연구 참여자가 그것을 의식하거나 기억해 내지 못하는 경우가 있다. 이 장의 뒷부분에서 이러한 기술의 눈에 보이지 않고 손-안에-있는 특성에 대해 더 깊이 논의할 것이다. 여기서는 다양한 기술이 얽혀 있는 방식들을 포착하려면 기술마다 서로 다른 접근 방식이 필요하다는 점을 이해하는 것이 중요하다. 이때 다른 휴리스틱이 유용할 수 있다. 예를 들어, 두 번째 휴리스틱인 행위자 따라가기를 활용하면, 연구자는 인간 행위자가 하는 말에서 한 발 물러나 인간과 비인간 모든 참여자가 어떻게 상호작용하고 행동하는 지에 주목할 수 있다.

디지털 기술과 자신의 관계적 연관성을 관찰하거나 비판적으로 고려하기 위해, 우리는 두 가지 접근 방식을 제안한다. 첫 번째 접근 방식은 네 번째 휴리스틱에서 다루는 기술이 고장난 경우과 같이 최근 기억에 남는 기술 사용 경험을 하나 이상 떠올린 다음, 그 사건에서 일어난 일을 구체적이고 생생하게 기록하는 것이다. 두 번째 접근 방식은 집이나 직장에서 디지털 기술을 실제로 사용하는 동안 자신의 모습을 관찰하는 것이다. 이를 수행하기 위해서는 주변적(peripheral) 시선 또는 "비켜보는 시선(averted vision)"을 통해 관찰하는 것이 중요하다. 비켜보는 시선은 천문학자들이 밤하늘을 관찰할 때 사용하는 방법으로, 관찰 대상 옆을 응시하면서도 대상에 주의를 기울이는 기술이다. 마찬가지로, 움직이는 기술의 모습을 슬쩍 보기 위해서는 그것을 직접 응시하는 것을 피하고, 너무 멀지 않은 거리에서 곁눈질 하면서 **현장에서** 스스로를 의식하지 않고 관찰할 수 있는 방법을 찾아야 한다. 그렇지 않으면 기술 사용에 몰입된 상태, 즉 우리가 본래적이고 일상적으로 기술을 사용할 때 경험하는 자연스러운 몰입 상태를 방해하여, 기술과의 연결을 잃어 버릴 수 있다. 조금 연습을 하면, 기술 사용을 멈추고 관찰한 내용을 기록한 뒤, 다시 기술에 몰입된 세계로 돌아가는 것을 주기적으로 하는 것이 가능하다.

때로는 일화가 완전한 형태로 발견될 수 있다. 예를 들어, 특정 사건에 대한 흥미로운 블로그 게시글(예: Adams et al. 2014, pp. 205-206), 소설의 인상적인 구절, 혹은 통찰력 있는 연구 참여자가 회상한 체험 서술 등이 그렇다. 설명이 포함된 서술의 경우, 설명적인 부분은 생략 부호(…)로 처리할 수 있다. 하지만 연구자는 인간이 비인간적 환경과 함께 그리고 그것을 통해 생각하고, 거주하며, 창조하는 모습을 상호 구성적으로 설명하기 위해 다양한 출처에서 나온 일화를 창의적으로 재구성해야 한다. 따라서 포스트휴먼 연구자는 관찰에서 얻은 단서와 면담의 조각을 모아 인간과 비인간의 스토리라인을 신중하게 다시 엮어 내야 한다. 크라우더 외(Crowther et al. 2016)는 사물에 명시적으로 초점을 맞추지는 않았지만, 면담 전사 자료를 어떻게 현상학적으로 선별하고, 편집하고, 강렬한 일화로 다듬을 수 있는지에 대해 구체적인 사례를 제공한다. 포스트휴먼 연구자에게 이러한 작업은 일종의 수공예 작업, 즉 "이야기 제작(story crafting)"(p. 1)이며, 인간과 비인간이 얽혀 있는 사건화된 생활세계 회복을 목표로 한다.

ANT를 기반으로 한 탐구에서 일화화(anecdotalization)는 인간 중심성을 보다 급진적으로 해체하는 과정을 포함한다. 멀케이(Mulcahy 2012)는 자신이 재구성한 "자료 이야기"를 일화 대신 "수행(enactment)"이라는 용어로 부르며, 실천의 물질성을 스토리화하는 것이 단순히 "(기록에) 물질적 객체를 추가하고 섞기"(p. 135)의 과정이 아님을 강조한다. 그녀는 교육연구에서 인간 주체가 분석의 특권적 출발점으로 여겨진다는 점(Mulcahy 2013, p. 1287)을 인정하면서도, 바로 이 점을 ANT를 기반으로 하는 사회물질적 연구가 흔들어 보려 한다고 주장한다. 멀케이는 자신의 관계적 물질주의 관점이 인간 주체를 출발점으로 삼아 구성되지만, 개인이나 그들의 이야기를 "자율적이고, 단일하며, 일관된"(Mulcahy 2013, p. 1287) 것으로 간주하지 않고, 수많은 사회물질적 관계로 구성된 네트워크 효과로 펼쳐 내려 한다. 따라서 연구자가 이러한 인간과 비인간의 스토리라인을 엮어내는 것은 중요한 역할을 한다. 플럼(Plum, forthcoming)은 사회물질적 관점을 기반으로 글을 쓰는 과정에서 자신이 겪은 변화를 다음과 같이 설명한다.

> 세계와 관계를 맺는 것은 … 대상(object)을 인식하거나 조작하는 주체(subject)의 세계가 아니라, 서로 다른 요소들을 통합하는 어셈블라지이다. 어셈블라지는 주체/객체의 구분을 약화시킨다. 따라서 나의 분석에서는 연구자, 어린이집, 테스트, 책들이 서로 연결망을 이루며 작용하는 모습을 이야기한다. 다시 말해, 연구자들이 아이들에게 테스트를 실시하고, 아이들이 책을 읽는다는 식으로 서술하지 않는다. 이렇게 세계를 서술하는 방식은 세계를 특정한 방식으로 분석하려는 시도이다.

플럼은 인간 참여자의 중심성을 해체하기 위해, 행위자들 간의 연결과 **그 사이에서** 일어나는 일에 초점을 맞춘다. 이는 인간 행위자가 말하는 것에서 한발 물러나, 질문에 참여하는 모든 인간과 비인간 행위자가 어떻게 상호작용하고 무엇을 하고 있는지 깊이 탐구하는 것을 의미한다. 일화에 디지털 기술과 같은 사물의 흔적을 포함시키는 것은 단순히 그것들의 존재나 실천에서의 역할을 언급하기 위해서가 아니라, 사물이 수행하는 혹은 수행하지 않는 구체적인 작업에 대해 의미 있게 인식하기 위해서이다. ANT 기반 일화화에 대한 다양한 접근 방식의 예로는 뢸(Röhl 2015)과 펜윅(Fenwick 2014a)을 참조할 수 있다. 마지막으로, 객체의 목소리와 말하는 방식은 질적 연구 논문에서 흔히 사용되는 인용문 형식으로 쉽게 번역되지 않을 수 있다. 사물 일화는 연구 텍스트와 직접 엮여 "자료"로 분리되지 않고 포함될 수도 있다(예: Adams & Yin forthcoming; van Manen 2012).

일화 말하기란 사건화하고 있는 생활세계의 구체적이고 직접 체험한 특이 사항을 재구성하고 닮아 가려는 시도를 통해 우리가 디지털 사물과 나누는 반성 이전의 대화를 반성적으로 이해하고 분석할 수 있는 공간을 준비하고자 하는 시도이다. 포스트휴먼적 일화 말하기는 인간과 비인간 행위자를 명시적으로 모아서, 사물이 말할 수 있는 방식과 사물과 대화하는 방식을 제공한다. 포스트휴먼적 일화 말하기 작업은 인간과 비인간을 함께 반성적으로 파악하는 것을 요구한다. "일화 말하기란 성찰하고, 사유하는 것이다. 반성적 파악을 통해, 일화는 경험을 재창조하되, 집중되고, 응축되며, 심화되고, 지향을 가지며, 초월적 내러티브 형태로 재구성한다"(van Manen 1989, p. 232). 이러한 작업을 위해 연구자는 헌신적인 조류 관찰자처럼 예민한 귀와 인내심 있는 시선을 기르는 것이 필요하다. 하지만, 하드웨어와 소프트웨어를 포함한 디지털 기술의 작동 속에서 나타나는 소음과 반짝임에 주의를 기울이는 조류 관찰자가 되어야 한다. 자료의 일화 말하기를 통해 연구자는 일상적 실천에 대해 보다 상호 구성적이고 상호 저술된 설명을 제시할 수 있다.

연구 실천의 수행 속에서 재조립된 닮은꼴로서의 일화

일화는 단순히 사물과 실천의 관계에 대한 이야기를 재현하는 것 이상의 역할을 한다. 일화는 그 자체로 재조립하고, 닮아 가고, 공명하고, 움직이고, 생기를 불어넣고, 접히고 펼쳐지는 수행적 어셈블라지이며, (재)창조이다. 일화는 단순히 이야기하고 보여 주는 것에 그치지 않고, 마이클(Michael 2012)의 표현처럼, "이야기를 실천한다"(p. 26). 연구 실천에서 일화는 인식적 객체(epistemic objects)로 작용한다. 크노르 체티나(Cetina

2001)는 인식적 객체를 "결정된 사물이 아니라 과정과 투사(projections)"이자 "개방적이고, 질문을 생성하며, 복잡한 것"(p. 181)이라고 특징짓는다. 인식적 객체는 다음과 같이 "지식의 객체"이다.

> 인식적 객체는 무한히 펼쳐질 수 있는 능력을 가진다 … 인식적 객체는 항상 물질적으로 정의되는 과정에 있기 때문에, 끊임없이 새로운 속성을 획득하고 기존 속성을 변화시킨다. 하지만 이것은 또한 지식의 객체가 완전히 파악될 수 없다는 것을 의미하며, 달리 표현하자면, 결코 "완전한 자기 자신"이 될 수 없다. (p. 181)

마이클(Michael 2000)에게 일화는 "하나의 사건에서 출발해 다양한 연관성을 추적할 수 있게 해 준다"(p. 14). 이러한 점에서 일화는 라투르(Latour 2005)의 용어를 빌리자면, 나머지 자료로 연결되는 통로를 만들어 주는 중요한 진입점 역할을 할 수 있다. 이렇게 볼 때, 일화는 그 자체로 물질적 존재이며, 다른 물질적 자료 형상들과 연결되고 순환한다. 일화는 인식적 객체로서 생성적이면서도 파괴적인 역할을 한다.

> 일화는 연구의 수행성(performativity)을 포함한다. 연구란 사회적 또는 문화적 과정과 관련된 개인의 경험과 같이 거기 밖에 있는 어떤 것을 반영하는 것이 아니라, '거기 밖(out theres)을 만들어 내는' 과정과 특징에서 중요한 역할을 한다. (Michael 2012, p. 26).

일화는 단순히 "우리가 작업하는 자료"(Stronge & Michael 2012, p. 28)가 아니다. 오히려, "일화 말하기의 '흐름'은 연구하는 창의적 과정에서 일화가 일종의 '이질적 대화자(heterogeneous interlocutors)'와 유사한 역할을 하게 되는 것을 의미한다"(Michael 2012, p. 34).

일화를 구성하는 과정에서, 포스트휴먼 연구자는 해러웨이(Haraway 1997)의 "겸손한 목격자(modest witness)"개념에 대한 비판과 수정에 주목해야 한다.

> [근대성의] 겸손한 목격자는 객체 세계를 위한 정당하고 승인된 대변자이며, 자신의 단순한 의견이나 편향된 신체성을 더하지 않는다. 그래서 그는 사실을 확립하는 놀라운 권력을 부여받는다. 그는 증언한다. 그는 객관적이다. 그는 객체의 명확성과 순수성을 보증한다. 그의 주관성은 객관성이다. 그의 내러티브는 마법의 힘을 가진다. 이야기이자, 당파적 기획의 산물, 논쟁의 여지가 있는 재현, 사실을 정의하는 강력한 능력으로 구성된 문서로서의 역사는 흔적을 모두 잃어버린다. 대신 내러티브는 초월적이거나 마법적인 것에 호소하지 않고도 투명한 거울, 완전히 마법적인 거울이 된다. 나는 이처럼 이성을 가진 세련된 남성이 정교하게 구축하고 방어해 온 자신감을 퀴어화하여, 비록 덜 세련되더라도 보다 육체적이고, 굴절되고, 빛이 통과하기에는 밀도 높은 형태의 겸손한 목격자를 가능하게 하고 싶다. (p. 24)

인트로나(Introna 2016)가 제안한 것처럼, 연구자는 "타자를 단지 연구자의 관점으로 인식적 실천에 통합하는 것이 **아니라**, 그것/그들이 자신의 방식으로 자르고/되도록(cut/become) 허용해야 한다"(p. 10). 여기서 도전은 세계의 사물들이 스스로를 드러내도록 허용하는 동시에, 우리의 이해가 필연적으로 상황성(situatedness)을 가진다는 한계를 인정하는 것이다. 객체 면담은 내적으로 보기와 외적으로 보기 모두를 포함한다. 연구자는 사물과 맺고 있는 친밀한 관계적 유대에서 자신을 분리할 수 없다.

마지막으로, 일화는 비재현적 혹은 "재현 너머(more-than-represen

tational)" 연구가 제기하는 후기구조주의적 도전에 대응 가능한 방법을 제공한다.

> 경험한 세계를 이해하는 내러티브, 다시 말해 마주한 세계로부터 영감을 받고 세계와 일관되게 느끼는 내러티브를 공유해야 한다. 동시에 내러티브는 의미 구성의 상황성, 부분성, 우연성, 창의성도 강조해야 한다.
>
> (Vannini 2015, p. 318)

상황을 담고, 구체화되며 펼쳐지는 사건을 재구성하고 모방함으로써, 일화는 말하지 않으면서 말하고(speak without speaking), 명명하지 않으면서 명명하기(name without naming)를 시도한다. 일화는 "시공간적으로 복잡한 생활세계의 순간적이고, 끈적거리고, 생생하고, 체화되며, 물질적이며, 인지 이전의, 비담론적인 차원"(Vannini 2015, p. 318)을 표현한다. "일어나는 대로 살아가는 평범한 삶의 장면"(Stewart 2011, p. 446)을 닮아가는 수사적 수행을 성취하기 위해, 일화는 사물의 외형 같은 구체적인 특이성에 주목하고, 체험되는 정동과 피할 수 없는 강도에 조율하며, 움직임과 생동하는 제스처를 추적한다. 이러한 담론적 창작은 다음을 이루고자 노력한다.

> 일어나는 일들의 지리학. 사물들을 통해 살아가는 데 중요한 현재의 일상적 감각들에 대한 추측적 유형학. 일상에서 벌어지는 문제되는 것과 복잡하게 떠오르는 세계에 대한 주목. 중독적이거나 변화하며 살아가는 삶에 대한 리듬. 어떤 강도나 지속성을 갖는지 확실히 알 수 없는 종류의 행위성. 거의 감지되지 않지만 동시에 강렬하게 다가오는 난해함과 모호한 사건, 그리고 배경 소음. (Stewart 2011, p. 452)

일화는 정적인 구성물이 아니다. 움직이는 생활세계를 암시한다. 유사한 허구를 재조립하는 야망에서 일화는 연구 수행의 시작점이다. 정확성이나 검증 가능성을 주장하지 않는다. 오히려 질적이든 양적이든 모든 "자료"가 동시다발적으로 창조되고, 수집되고, 재구성되는 것을 인정한다. 일화는 반성적으로 열려 있으며, 인식적 객체로서 우연적이고 잠정적이며 허구적인 지위를 인지하고 있다.

휴리스틱 2:
행위자 따라가기

면담 질문

- 관심 있는 실천이나 활동을 떠올려 보자. 미시적 실천(micro-practices)이 식별 가능한가? 미시적 실천이 수행되는 방식에서 물질성과 물질적 행위자(material actors)가 어떻게 연관되어 있는지 자세히 살펴보자.
- 누가-무엇이 행동하고 있는가? 무엇을 하고 있는가? 어떤 행위자가 다른 행위자보다 힘이 세거나 힘이 약한가? 누가-무엇이 배제되었는가?
- 특정 행위자 어셈블라지가 어떻게 이와 같은 방식으로 구성되었는가? 인간, 객체, 생각, 담론, 사건 등이 어떻게 모이게 되었는가? 무엇이 무엇과 연결되어 있으며, 그 연결 방식은 어떠한가?
- 해당 어셈블라지는 어떤 작업을 수행하거나 수행하려고 시도하는가?
- 관심 있는 객체를 선택해 보자. 객체를 둘러싼 사회성(sociality)은 무엇인가? 물질성(materiality)은 무엇인가?
- 마이클(Michael 2004)의 **공동 행위자(co(a)gent)** 개념을 사용하여, 실천에 연관된 주요 행위자를 연결해 보자. 그리고 다음과 같은 질문을 해보자. 해당

공동 행위자는 어떤 작업을 수행하는가? 인간과 비인간을 잇는 하이픈으로 연결된 공간에서 어떤 긴장과 모호함이 살아있는가?

ANT에서 자주 인용되는 원칙 중 하나는 "행위자 따라가기"이다. 하지만 말처럼 간단한 일이 아니다. 라투르(Latour 2005)는 다음과 같이 숙고해서 말했다.

> 따라가야 할 행위자들이, 장난꾸러기 아이가 건드린 벌집처럼 사방으로 퍼져 나갈 때, 연구자가 '행위자들을 따라가야 한다'고 주장하는 것이 얼마나 우스운가? 어떤 행위자를 선택해야 하는가? 누구를 따라가야 하며, 얼마나 오래 따라가야 하는가? 만약 각 행위자가 사방으로 떼 지어 다른 벌집을 이루고, 그것이 계속된다면, 대체 언제 멈춰야 한다는 말인가? (pp. 121-122)

라투르(Latour 2005)의 농담처럼 행위자 따라가기는 비현실적일까? 몇 가지 주의 사항을 염두에 두고 보다 세밀한 접근 방식을 채택한다면, 행위자를 따라가는 것은 포스트휴먼 물질주의적(materialist) 방법론에서 유용한 출발점이 될 수 있다. 객체는 다양한 방식으로 우리의 관심을 끌 수 있지만, 더 큰 목적은 항상 "실천의 관계 [지도 그리기]"(Law & Singleton 2012, p. 7)이다. 물질주의적 방법론, 특히 ANT는 미시적 실천을 구체적으로 기술하는 데 중점을 둔다. 일단 미시적 실천에 관심을 가지면, 물질성과 물질적 행위자가 미시적 실천이 되고 수행하는 방식에 어떻게 관여하는지 더 면밀히 살펴볼 수 있다. 행위자 따라가기는 실천의 관계를 풀어내거나 얽힘을 이해하는 방법이 될 수 있다.

예를 들어, 톰슨(Thompson 2012a)의 연구에서 자영업자를 면담하며 그들이 온라인에서 다른 인간과 상호작용하고 일과 관련된 학습 실천을 수행하는 방식을 탐구했다. 이 과정에서 톰슨은 삭제 버튼을 면담하게 되었다. 애당초 삭제하기 실천을 연구하려는 의도는 없었다. 하지만, 연구 참여자가 온라인 학습 활동을 관리하는 방식에 대해 이야기를 들으면서, 이 평범해 보이는 버튼에 주목하게 되었다. 삭제하기 실천은 온라인에서 일하고, 배우고, 놀고, 생활하는 단순한 일상의 일부였지만, 일하는 학습자들은 삭제 버튼과 완전히 얽혀 있었다. 삭제하기는 정보 검색, 연결할 인간 찾기, 온라인 토론 참여 등 수많은 온라인 일-학습 실천 중 하나였다.

행위자 따라가기는 (1) 관심 있는 잠재적 행위자를 식별하고, (2) 더 깊이 탐구할 만한 가치가 있는 관련된 미시적 실천을 지도 그리는 두 가지 활동으로 구성된다. 톰슨은 삭제 버튼을 따라갔지만, 삭제하기의 실천과 지우기, 재설정하기, 선별하기, 숨기기, 파쇄하기 등과 같은 미시적 실천으로 지도를 그리며, 실천을 수행하기 위해 모여드는 행위자에 조율하였다.

레즐리 굴레이와 마틴 올리버(Gourlay & Oliver 2017)는 대학원생의 학습 실천을 연구하면서, “학습”(p. 75)이라는 이름으로 깔끔하게 묶일 수 있는 명확한 실천 집합이 없음을 깨달았다. 대신, 검색하기, 읽기, 메모하기, 모으기, 말하기, 쓰기와 같은 미시적 실천들의 어셈블라지에 초점을 맞췄다.

> “행위자 따라가기”라는 개념은 실천을 구성하는 일련의 얽힘을 탐구하는 방법으로 중요하다. 예를 들어, 유키의 아이패드(iPad)를 따라가면서 어떤 종류의 학습 실천과 공간이 관련되는지 설명할 수 있었다. 유키는 아이패드를 사용하여 디지털화된 자료를 모으고, 강의를 녹음하여 저장하고, 메모를 작성하고, 온라인 자료를 검색하고, 다른 인간들과 이메일을 주고받는 등의 활동을 하였다. (Gourlay & Oliver 2017, p. 79)

하나의 행위자를 따라간다는 것은 그 행위와 관련된 미시적 실천과 다른 주요 행위자를 추적한다는 의미이기도 한다. 이와 같이 존재들을 식별하고 추적하는 것은 포스트휴먼 연구자의 관심사이지만, 어떤 대상이 연구자의 관심을 끄는지는 항상 명확하지 않다. 실제로 어떤 행위자를 따라가고, 또 그 추적을 언제 멈출지 결정하는 것은 ANT와 다른 물질주의적 연구자들이 지속적으로 직면하는 딜레마이다. 따라서 보이지 않는 것을 보이게 하는 방법, 즉 관심 대상뿐만 아니라 어셈블라지의 작동을 유지하기 위한 협상과 같은 과정들을 어떻게 드러낼 것인가가 핵심 과제이다.

주목받는 객체

객체와 물질적 실천은 다양한 방식으로 주목받는다. 처음에 할 일은 행위자-네트워크에서 가능한 모든 존재의 목록을 만드는 것이 아니라, 인간이든 비인간이든 "다른 매개자가 일을 **하게 만드는** 매개자"(Latour 2005, p. 217)를 찾는 것임을 명심할 필요가 있다. 때때로 연구자들은 특정 대상을 염두에 두고 연구를 시작하기도 한다. 예를 들어, 드퀴페르와 시몬스(Decuypere & Simons 2016)는 디지털 스크린을 염두에 두고 시작하여, 그가 학문적 실천 속에서 어떻게 행동하고 다른 행위자들에 의해 영향을 받는지, 어떻게 다르게 존재하게 되는지를 살펴보았다. 이들은 디지털 화면을 따라가면서 학자를 포함한 다른 행위자들이 어떻게 끊임없이 재배치되는지 관찰할 수 있었다.

때로는 특정 객체가 장벽을 형성하거나 "모임(gatherings)"을 촉진하는 것처럼 보이면서 연구자의 관심을 끌 수 있다. 주카스와 킬민스터(Zukas & Kilminster 2014)는 새내기 의사들에게 더 높은 수준의 책임감이 주어질 때, 전문적 학습이 어떻게 펼쳐지는지를 살펴보았다. 이 연구에서는 번거로운 장애물처럼 보이는 객체에 주목했다. 응급상황에서 사용하는 문서인 "블루 폼(blue form)"(p. 45)이라는 객체에도 관심을 가지고, 관료적, 교육적, 인식론적, 임상적 실천과 지식을 한데 모으는 중심적인 역할을 하는 것을 드러냈다. 제니 스콜레스(Scolles 2016)는 재생 가능 에너지 산업에서 엔지니어의 전문적 실천 지식을 탐구하는 사회물질적 연구를 통해, 어떻게 계약서의 "서명"이 중요한 존재가 되는지를 기술하였다.

> 계약서에 서명을 받는 것이 TurboUK에서 업무의 주요 동력이라는 점이 명확해졌다. 관찰 내내 서명은 매우 강력한 존재감을 드러냈다. 거의 모든 회의에서 언급되었고, 대화와 문서에서도 단일하고 독립된 객체, 즉, 물화된 사물(reified thing)로 언급되었다. 나는 언젠가 모퉁이를 돌면 유리 캐비닛 안에 신성하게 모셔져 있는 서명과 실제로 마주칠 것만 같았다.

연구자는 "객체를 피할 수 없는"(Bruni 2005, p. 374) 지점에 도달하기도 한다. 브루니(Bruni 2005)는 병원 내 전자의무기록(electronic patient record)을 "그림자(shadowing)"처럼 따라다녔다. "소프트웨어가 나를 조직 내부로 안내하고 다른 행위자들과 과정들을 마주하게 [내버려] 두었다"(p. 363). 그림자 역할을 통해, 연구자는 "관계를 수행하는 물질적 실천에 관찰을 맞추는"(p. 374) 방식으로 연구를 수행했다. 바네르지와 블레이즈(Banerjee & Blaise 2013)는 홍콩의 공기를 따라가며 탈식민주의를 이해하고 재구성하려는 시도를 했다. 처음에는 "공기가 우리를 어디로 데려갈지"(Banerjee & Blaise 2013, p. 241) 전혀 몰랐기 때문에, 적극적으로 참여하고, 질문하고, 기꺼이 따라가고, 공기에 의해 발견되고자 하였다.

일부 객체는 많은 작업을 수행하고 여러 가지 역할을 맡기 때문에 연구자의 관심을 끌 수밖에 없다. 연구자는 연구 과정에서 반복적으로 이러한 객체와 마주하게 된다. 예를 들어, 톰슨(Thompson 2012a)의 연구에서 삭제 버튼과 그 주변 장치들은 다양한 역할을 수행하였다. 삭제 버튼은 정보 과부하에 대한 방어선 역할을 하고, 무엇이 중요한지 중재했으며, 다른 행위자를 존재하거나 부재하게 만들고, 침입을 막고, 디지털 공간을 열기도 하고 닫기도 했다(p. 106).

객체를 둘러싼 모순적인 측면이 연구자의 관심을 끌기도 한다. 최근 연구에서 톰슨(Thompson forthcoming)은 웹과 모바일 기술의 도입이 일-학습 실천에서 변화하는 이동성(mobilities)에 미치는 영향을 탐구했다. 연구 자료에서 인간, 앎의 방식, 업무, 기기 등의 실천에서 이동성이 분명히 나타났지만, 비이동성(immobilities)도 두드러지게 드러났다. 이동성과 비이동성 사이의 긴장 관계를 보다 잘 이해하기 위해서, 톰슨은 모바일 기기의 사회물질적 측면에 주목하며 모바일 기기 자체를 따라가기 시작했다. 하지만 모든 객체는 복잡한 행위자-네트워크이다. 톰슨(Thompson forthcoming)은 모바일 기기가 데이터 요금제, 컴퓨터 코드, 유튜브 영상, 외장 하드 드라이브, 전자책, 로밍 요금, 모바일 핫스팟, 배터리, 키보드, 블루투스, 서버 팜 등 다양한 행위자들과 얽히면서, 배경으로 밀려나기도 한다는 것을 발견하였다.

힘세고 중요한 행위자가 있으면, 그 배경에서도 활발한 활동이 이루어지는 경우가 많다. 이는 실제로는 다른 행위자들의 작업이지만, 그 성과는 강력하고 눈에 띄는 행위자에게 귀속된다(Mol 2010). 인간 연구 참여자들은 스마트폰, 아이패드, 노트북을 언급했지만, 톰슨이 관심을 끈 행위자인 화면을 따라가자 다른 강력한 행위자가 눈에 뜨게 되었다. 톰슨은 모바일 일-학습 실천이 단순히 휴대하고 있는 화면 **위에서**만 이루어지는 것이 아니라, 다수의 화면과 **함께**, **통해서**, 그리고 **사이에서** 수행되며, 다양한 크기의 화면을 관리하는 데 상당한 에너지가 소비된다는 것을 알게 되었다.

화면이 따라갈 만한 관심을 끄는 행위자가 되자, 톰슨(Thompson forthcoming)은 화면이라는 객체를 둘러싼 사회성은 무엇이며, 물질성은 무엇인가라는 질문을 던졌다. 화면을 중심으로 다양한 모임이 생기자 일부 어셈블라지는 다소간에 더 관심을 끌고, 작동하고, 이동 가능해졌다. 행위자들을 계속 따라가자, 비디오 튜토리얼과 키보드와 같은 다른 중요한 객체들이 존재감을 드러냈다. 예를 들어, 케냐의 IT 사업가 데이비드에게 화면으로 볼 수 있는 것(viewability)은 하나의 도전이었다. "저는 학습의 많은 부분을 비디오 튜토리얼에 의존하는데, 노트북을 통해 볼 때 훨씬 더 잘 보입니다." 비디오 튜토리얼을 보기 위해서는 특정 종류의 화면이 요구되었다. 키보드 또한 다양한 화면에 따라 민첩하게 움직여야 했다. 캐나다의 성인 교육자 댄은 다음과 같이 설명했다. "저는 화면 키보드로는 거의 타자를 칠 수 없습니다. 온라인 글을 작성하거나 글쓰기와 같이 생산적인 작업을 하는 것이 너무 번거롭습니다. 아직 새 스마트폰에 매력을 느끼지 못했습니다." 관심 있는 행위자를 계속 따라감으로써, 특정 행위자들이 어떻게 모이고 관계를 맺고 있는지 일별할 수 있었다.

비록 삭제 버튼, 휴대폰, 전자의무기록, 계약서의 서명과 같은 객체가 연구자에게 출발점을 제공할 수 있지만, 사회물질주의적 탐구에서 핵심은 "연결된" 객체, 혹은 브루니(Bruni 2005)가 표현한 대로, "객체들이 개입하여 스스로가 활성화하는 관계적 게임"(p. 358)이다. 이것은 중요한 전환점이다. 위 예시에서 관심의 대상은 삭제 버튼 자체가 아니라, 삭제 버튼이 포함된 **에셈블라지**와 삭제의 **실천**이었다. 다시 말해, 연구자는 특정 실천에서 행위자들의 모임과 객체를 둘러싼 사회성 및 연결성에 주목해야 한다.

행위자 따라가기가 개별 요소들이 얽혀 있기보다 서로 간의 구분을 물화하는 경향이 있을까? 그렇다면 이는 사회물질적 정신에 반할 수 있다. 펜윅(Fenwick 2014a)은 사회물질적 관점은 사물을 연결과 활동의 효과로 보기 때문에, 출발점이 개별 존재 자체가 아니라고 주장한다. 이러한 존재들은 이미 내행 중이기 때문이다(Barad 2003). 비록 "행위자 따라가기"가 단일 존재를 추적하는 것처럼 보일 수 있지만, 사실상 이는 행위자들 간의 복잡한 연결을 추적하는 것이다. 이는 행위자-**네트워크**나 어셈블라지를 살피는 작업을 의미한다. 각 행위자는 가깝든 멀든 이미 다른 행위자들과의 네트워크이거나 혼합물이기 때문에 "행위자-네트워크"라는 표현에서 하이픈이 사용된다. 객체를 고립된 상태로 보지 않는 것이 과제이다. 객체와 관련된 다양한 모임과 객체의 다양한 물질적 수행에 주의를 기울임으로써, 연구자와 실천가는 개별적인 존재를 넘어서 보다 얽혀 있고 실천 지향적인 관점으로 사고할 수 있다.

하이브리드 따라가기: 공동 행위자

연결된 객체에 조율하는 것은 중요하다. 객체는 다른 행위자와의 관계 속에서만 그 형태와 성격을 획득한다(Law 2008). 객체는 다른 행위자와 관계를 맺게 하는 연결을 통해 활력을 얻고 존재한다. 라투르(Latour 2005)는 행위자-네트워크가 더 많이 연결될수록 더 강하게 존재한다고 지적한다. 따라서 실천 안에서 행위자들이 어떻게 병치하는지는 특히 흥미롭다. 마이클(Michael 2000) 제시하는 바를 따라 **하이브리드를 따라가보자**. 마이클(Michael 2004)은 **공동 행위자**라고 부르는 구인을 사용한다. 이 제조된 분석적 개념을 사용하여, 인간과 비인간 행위자 간의 연결을 보다 면밀히 조사하고, 관심 있는 실천에서 무엇이 발생하는지를 분석할 수 있다. 마이클(Michael 2000)은 인간, 소파, 텔레비전, 리모컨의 혼합물인 "카우치 포테이토(couch potato)"라고 장난스럽게 부르며, 기술, 신체,

문화가 어떻게 결합하고 **작동**하는지를 보여 준다. 이어서 "리모컨이 매개하는 신체, 행위성, 기술 사이의 관계는 무엇인가?"(p. 96)라는 질문을 던진다. 카우치 포테이토는 언제 나타나며, 이러한 일상은 어떤 방식으로 이루어지며, 리모콘이나 소파 같은 구성 요소 중 하나가 사라지면 어떤 일이 일어나는지 등 리모컨의 상호작용을 엿볼 수 있는 질문을 제시한다.

여기서 행위자 따라가기 전략은 행위성이 네트워크 전체에 어떻게 분포되어 있으며, 여러 행위자 관계 속에서 어떻게 얽혀 있는지를 살피는 것을 포함한다. 마이클(Michael 2000)은 이러한 분석 전략을 사용하면, 행위성은 "분산되고, 다원화되며, 우연적인"(p. 42) 것으로 가정된다고 설명한다. 인간과 비인간 행위자 사이의 하이픈으로 연결된 공간에 존재하는 긴장과 모호성을 탐색하다 보면, 사물의 목소리에 귀 기울일 수 있는 다른 방법을 발견할 수 있다. 앞서 언급한 예로 돌아가 보자. 일하는 학습자가 삭제 버튼과 얽히면서 삭제 실천을 수행하는 하나의 어셈블라지로 **삭제-버튼-학습자**(delete-button-learner)라는 하이브리드가 형성된다. 이 어셈블라지에는 인간+삭제 버튼+디지털 기기+온라인 디지털 객체, 심지어 정보를 관리하고 통제하며, 기술을 길들이고, 효율성을 추구해야 한다는 개념들로 가득 찬 현재의 담론도 포함한다. 이를 바탕으로 톰슨(Thompson 2010)은 삭제 버튼이 비공개되거나 공개되는 정보를 어떻게 매개하는지, 삭제 버튼이 없다면 어떤 일이 일어나는지, 삭제 버튼-학습자가 온라인 일-학습 실천을 관리 가능한 상태로 유지하는 데 실패하거나 성공하는 경우는 언제인지 등에 대한 면담 질문을 제시할 수 있었다. 객체를 인간과 비인간 행위자의 하이브리드로 인식할 때, 연구자는 행위자 간의 관계에서 일어나는 사적인 것과 공적인 것, 신뢰와 불신, 통제와 혼돈 사이의 협상에 대해 보다 풍부한 감각으로 조율할 수 있다.

하이픈의 관계 역학을 다루는 3장에서 하이브리드 복합체(complex)에 대해 다시 다룰 것이다. 예를 들어, 인간-기술-세계 관계의 스펙트럼 분별하기라는 다섯 번째 휴리스틱에서 하이픈은 인간, 비인간, 세계를 연결하는 살결 같은 연결 조직을 의미한다. 현상학에서는 이러한 관계를 지향성(intentionality)이라는 개념으로 설명한다. 일부는 지향성을 후설의 초기 개념과 구별하고, 하이데거, 메를로-퐁티를 비롯한 후설 이후의 개념을 나타내기 위해 "후기-지향성(post-intentionality)"이라고 바꿔 부르기도 한다. 지향성은 주체와 객체의 고전적인 분리를 초월하며, 인간을 자신의 생활세계(lifeworld)와 밀접하게 연결된 연속적인 존재로 묘사한다. 하이픈화된 인간 세계-내-존재(**현존재**)는 "상호 삽입과 얽힘"(Merleau-Ponty 1968, p. 138)을 통해 주체와 객체가 서로 섞이는 **트랜스침투(transpermeation)**(Rosen 2006)로 특징 지어진다. 후기현상학자 아이디(Ihde 2004)는 브래킷([ ])과 하이픈(-)을 사용하여 다양한 인간-기술-세계 관계에서 발생하는 이러한 상호응답적 얽힘의 변형을 구별하기도 한다.

행위자 따라가기는 객체를 면담하는 데 유용한 출발점이 될 수 있다. 연구자가 실천에 참여하는 객체의 목록을 작성하는 것은 쉽지만, 곧바로 관심이 갈 만한 행위자의 수에 압도될 수 있다. 어떤 행위자가 중요하고 어떤 행위자를 계속 추적해야 하는지 파악하는 것은 중요한 결정이다. 누가-무엇이 행동하고 있는지, 그들이 무엇을 하고 있는지 조율하는 것은 중요한 면담 질문이다. 이러한 관계를 추적하면서 연구자는 어셈블라지가 어떻게 형성되는지, 인간들, 객체들, 아이디어들, 담론들, 사건들이 어떻게 모여 어셈블라지로서 **작동**하는지에 대한 감각을 갖게 된다. 실천 내에서 삭제 버튼이나 일하는 작업자와 같은 하나의 행위자에 집중하며 그 행위자가 얽혀 있는 행위자-네트워크를 추적하면, 네트워크를 명확히 드러낼 수 있으며, 다른 휴리스틱을 활용하여 더 깊은 분석을 할 수 있다.

휴리스틱 3:
사물의 초대적 성질에 귀 기울이기

면담 질문

- 특정 기술이 사용자에게 무엇을 행동, 생각, 또는 인식하도록 격려, 자극, 심지어 요구와 같은 초대를 하고 있는가?
- 특정 기술이 사용자에게 무엇을 행동, 생각, 또는 인식하지 못하도록 제약과 금지 같은 방해를 하고 있는가?
- 인간과 기술, 또는 물질적 환경 사이에서 어떠한 선반성적 "대화"(van Lennep 1987) 또는 몸짓적 "조응"(Ingold 2012b, p. 435)이 펼쳐지는가?
- 특정 기술이 생각의 틀을 구성하고, 인식을 강화하며, 행동을 증진시키기 위해 어떤 비계(scaffolding)를 명시적 혹은 암시적으로 제공하는가?

우리는 사물의 웅성거림 속에서 살아간다. 즉각적인 세계는 우리에게 선반성적으로 말을 건다. 사무실에 도착하면, 닫힌 문이 문을 열라고 부르고, 책상 뒤의 의자는 앉으라고 손짓하며, 꺼진 데스크톱 화면은 일을 하려면 컴퓨터 전원을 켜야 한다고 말하고, 이메일은 메시지를 확인하라고 재촉하고, 뒷주머니에서 진동하는 스마트폰은 전화를 받으라고 강하게 요구한다. 물론, 요청의 일부 또는 전부를 무시할 수 있고, 가능한 방식 중 하나를 선택해 응답할 수도 있다. 예를 들어, 주머니에서 휴대폰을 꺼내 받을 수도 있고, 화면의 거절 버튼을 눌러 발신자를 음성 사서함으로 연결시킬 수도 있으며, 그냥 주머니에 둔 채 진동이 멈출 때까지 무시할 수도 있다. 하지만 어떻게 응답하든, 또는 응답하지 않든, 명확한 사실은 일상 세계의 사물들이 나에게 말을 건다는 것이다.

"시리야, 30분 후에 깨워줘." [잠시 멈춤] "좋아요, 6:58에 알람을 설정했어요."와 같이 일부 중요한 예외를 제외하면, 사물들은 암시적으로, 눈짓하듯, 속삭이며, 배경음악이나 분위기로 조용히 말한다. 한편으로, 사물들의 언어는 즉각적이고 선반성적으로 이해 가능하다. 목이 마를 때, 사무실 밖의 음수대는 물을 마시라고 초대한다. 스마트폰에서 울리는 핑(ping) 소리는 문자가 왔음을 알려 준다. 다른 한편으로, 사물들은 인간 담화의 익숙한 언어보다 더 원시적이고 암묵적인 방식으로 우리에게 일차적으로 말을 건다.

> 로고스 중심 전통[언어와 합리성이 중심인 사고]과는 다른 방식으로, 사물들은 스스로를 표현한다. 사물들은 순수한 사건화(eventuation)를 통해서 가장 순수하고, 즉각적인 방식으로 표현한다 … 사물은 사물의 수만큼 다양한 관용구로 자신을 표현한다 … 통일된 언어도, 사물들의 에스페란토어[전세계 인간들이 서로 의사소통하도록 고안된 인공 언어]도 없지만, 오히려 각각의 사물이 별개로, 하지만 함께 만들어 내는 생태적이고 다성적인 노래로 교향곡을 연주한다 … 사물들의 언어를 듣는 것은 사물들의 공간성(spaciousness) 안으로 들어가, 그들을 사물로 있게 하고, 그렇게 함으로써 사물처럼 되는 것을 의미한다. (Benso 2000, p. 153)

우리가 문, 의자, 모니터, 이메일, 스마트폰, 안전벨트 등 객체들과 대화하는 방식은 대부분 몸짓과 무언의 소통으로 이루어진다. 사무실 문이 닫혀 있는 것을 보고, 아무 생각 없이 배낭을 뒤져 열쇠고리를 찾고, 사무실 열쇠를 꺼내 자물쇠에 끼워 넣는다. 문을 활짝 열며, 열쇠고리를 책상 위에 던져 놓고 하루를 시작할 준비를 한다. 여기서, 내 손이 열쇠, 자물쇠와 나누는 대화 대부분은 소리 없이 수행된다. 사물의 언어는 몸짓의 언어이다.

사물의 초대적 성질 혹은 몸짓은 항상 **지향성**을 통해 들리거나 이해된다. 부모, 교사, 학생, 연구자로서 세계와 분리할 수 없이 통합되어 세계에 대한 방향성을 가지고 있기 때문이다.

> 어떤 것도 다른 것과의 관계없이 나타날 수 없으며, 나타남 자체는 항상 주변 환경과 유지하는 관계을 통해 맥락화되고 확장된다 … 어떤 사물이 세상에 들어오면, 그것은 우리를 부른다. 우리의 무관심도 세상에 응답하는 방식 중 하나이다. (Mitchell 2015, p. 17)

하나의 객체가 나에게는 초대를 보내지만, 다른 인간에게는 전혀 다른 초대나 아예 초대를 보내지 않을 수도 있다. 예를 들어, 닫힌 사무실 문은 나에게 열쇠를 찾아 문을 열라고 하지만, 나를 만나러 온 학생이나 동료에게는 같은 닫힌 문이라도 노크하거나 소리를 들어 보라는 신호를 보낸다. 반면, 다른 학부 학생 같이 지나가는 인간에게 내 사무실 문은 잠깐 스쳐 지나갈 뿐이다. 문은 주목받지 못하고, 아무 의미도 없다.

> [인간은] 객체나 사물을 있는 그대로 보는 경우가 거의 없고, 사물이 자신에게 부여한 의미를 본다. 인간은 … 사물이 자신에게 말하는 언어를 이해한다. 만약 사물의 언어를 어떤 식으로든 이해하지 못한다면, 인간은 아무것도 관찰하지 못한다. (van den Berg 1972, p. 31)

사물은 우리 각자가 지닌 의미와 중요성의 개인적, 사회적, 문화적 지평 안에서 우리에게 말을 건다. 이러한 선이해는 "우리가 어떤 것을 경험하는, 즉 우리가 마주하는 것이 우리에게 무언가를 말하는 조건"(Gadamer 1976, p. 9)을 제공한다. 예를 들어, 내민 손은 어떤 문화권에서는 따뜻한

악수를 초대하지만, 다른 문화권에서는 무시되거나 어색하게 받아들여질 수 있다. 하이데거(Heidegger 2012)에 따르면, 세계는 우리가 살고 있는 역사적 시대(epoch)에 따라 우리에게 자신을 다르게 드러낸다. 현재 우리는 위치성(das Gestell, positionality)의 영향을 받고 있다. 기술적 존재 방식인 위치성에 의해 세계의 사물들은 우리에게 이용되고 조작되어야 할 무언가로 나타나고 말하게 된다.

우리 세계의 사물들이 인간 그리고 다른 비인간 존재에게 주목할 만한 호소력을 발산할 수 있는 것은 그들이 "노출되어"(Mitchell 2015) 있기 때문이다. 사물의 감각적 표면과 해석적 암시를 지각하고 이에 응답하기 위해서는 우리 역시 사물에 노출되어 있어야 한다. 이러한 상호 노출 속에서, "거울 놀이"(Heidegger 1971, p. 179)가 끊임없이 펼쳐진다. 하이데거의 이론을 바탕으로, 미첼(Mitchell 2015)은 사물은 "본질적으로 메시지 전달자이며, 메시지와 의미를 전달하는 소통적인 성격을 지닌다"(p. 164)고 설명한다. 사물은 우리에게 "암시"를 주거나, 눈짓을 한다.

> [눈짓은] 친밀하게 하고, 기대에 부응하고, 가까이 다가가거나, 여기로 불러내거나, 드러내고, 깨우는 것이다. 이 용어는 "손짓"이라는 의미로도 쓰이는데, 손짓은 부르거나, 인사하거나, 초대할 수 있다 … 아마도 가장 중요한 것은 눈짓은 다른 인간과 협력하고 있음을 보여 준다는 점이다. (p. 165-166)

사물의 암시는 우리를 가까이 다가오게 하고, 적절하거나 "몸에 맞는(fitting)"(Heidegger 1972, p. 187) 방식으로 응답하도록 초대한다. 적절하게 응답한다는 것은 특정 사물의 부름에 상호 응답하거나 대답하는 것이다. 사무실 문을 열거나 두드리기, 의자에 앉기, 이메일을 확인하기, 스마트폰을 꺼내 전화를 받거나 무시하기, 물 한 모금을 마시기, 파워포인트로 강의 준비하기 등이 예가 될 수 있다. 몸에 맞게 응답하면서 사물이 열어 주는 독특한 세계로 빠르게 빠져 들어가게 된다. 밝고 친숙한 사무실, 의자가 제공하는 앉은 자세, 이메일의 끝없는 메시지와 답메일 세계, 커피 한잔하자는 친구의 따뜻함, 갈증을 날려 주는 시원한 물 한잔의 기쁨, 슬라이드, 글머리 기호, 이미지로 구성된 소프트웨어 환경 등으로 빠져 들어가게 되는 것이다. 각각의 세계는 "관심 어린 몰입(concernful absorption)"(Heidegger 1962, p. 102)을 요구하는데, 몰입은 찰나일 수도 있고, 몇 시간 동안 지속될 수도 있다.

사실, 체화된 자아는 항상 이미 지속적이고 원시적인 "사물들과의 교감(rapport with things)"(Heidegger 1971, p. 157) 가운데 살고 있다. 제임스 힐먼(Hillman 1982)의 표현을 빌리자면, "나는 물질과 지속적이고 친밀한 대화를 나누고 있다"(p. 89). 이처럼 생동하는 사회물질적 환경과의 조용하고 지속적인 신체적 대화는 사물의 초대적 성질 혹은 호소에 주의를 기울일 때 엿볼 수 있다. 여기서 연구자나 실천가는 다음과 같은 질문을 던질 수 있다. 이 사물은 특정 기술이나 사용자에게 무엇을 하도록 초대하고 있는가? 특정 기술이나 사용자에게 암시적이거나 명시적으로 무엇을 알지 못하도록, 하지 못하도록, 생각하지 못하도록 방해하거나 심지어 금지하고 있는가? 초대에 응답하면서 인간과 기술 혹은 주변 환경 사이에서 어떤 선반성적 "대화"(van Lennep 1987, p. 219) 또는 몸짓적 "조응"(Ingold 2012b, p. 435)이 전개되는가? 예를 들어, 파워포인트 사용을 연구하면서 아담스(Adams 2010)는 다음과 같은 질문을 제기했다. 파워포인트가 교실이라는 체화된 공간(lived space) 속에서 학생이나 교사에게 호소하는 것은 무엇인가? 파워포인트는 교사가 수업용 프레젠테이션을 준비할 때 어떤 초대와 암시를 주는가? 어떠한 선반성적 대화로의 참여가 이어지는가?

파워포인트의 호출 또는 호소는 언어적 몸짓(예를 들어, “Microsoft PowerPoint”, “제목을 추가하려면 클릭”, “ • 텍스트를 추가하려면 클릭”)이며 너무나 친숙한 시각적 디지털 환경이다. 또한, 이는 과거의 파워포인트 경험들로 이루어진 복잡한 해석적 지평이자, 의도적으로 설계된 형식으로의 입구이며, 교사가 화면에 시선을 두고, 키보드에 손끝을 얹고, 마우스를 쥐며 탐색할 수 있는 윈도우 마당(windowed milieu)이다 … 핵심을 잘 전달해 줄 것이라는 파워포인트의 약속에 대한 기대를 품고, 교사는 윈도우 화면을 향해 자신을 정렬시키고, 파워포인트의 “초안”, 즉 파워포인트가 환히 제공하는 가능성의 독특한 지평 속으로 이끌려 부드럽게 빠져든다.

파워포인트 환경 또는 마당 내에서 교사의 작업은 점점 쌓여 가는 슬라이드들의 연속으로 구체화된다. 각 슬라이드의 기본 요소는 텍스트, 이미지, 색상, 애니메이션이다. 교사는 텍스트를 구성하고, 조정하며, 새로운 글꼴을 시도해 보고, 색상을 샘플링하며, “보기”로 전환하고, 슬라이드 순서를 변경하며 작업한다. 콘텐츠를 슬라이드로 표현한 다음, 학생들과 함께 교실에서 하는 즉석 프레젠테이션을 상상한다. 이 과정에서 슬라이드, 주제, 학생들의 모습, 교사의 프레젠테이션과 교육적 의도가 섞이며 얽혀 들어간다.

준비 작업을 수행하면서, 교사는 컴퓨터, 화면, 키보드, 마우스가 있는 사무실에 앉아 있고, 책상 위에는 텍스트와 문서들이 널려 있다. 화면에는 웹 브라우저, 이메일, 워드 문서, 파워포인트 등 여러 개의 창이 열려 있다. 때때로 교사의 시선은 화면에서 멀어져, 사무실 창밖 먼 곳을 생각에 잠긴 듯 바라본다. 다시 파워포인트 창으로 돌아와 키보드를 조금 더 가까이 당기고, 마우스를 살짝 움직이며 작업을 이어 간다. 교사가 수업 준비 작업에 몰두하기 시작하면, 사무실, 책상, 화면, 키보드, 마우스는 배경으로 물러난다. 파워포인트 역시 눈에 띄지 않게 되고, 투명한 틀로 서서히 사라진다. 디지털 세계에서 프리젠테이션 디자인 활동을 수행하기 위해 다양하게 호출한, 정교하지만 주변적으로 존재하는 도구들의 집합이 되는 것이다.

> 교사의 작업-객체 또는 핵심 과제는 파워포인트가 아니다. 과제는 며칠 후 있게 될 교실 상황이다. 교사로서 일차적인 의도는 학생들이 당면한 특정 주제를 창의적으로 학습할 수 있도록 돕는 것이다. 이를 위해, 그리고 해당 주제를 효과적으로 전달하고자 파워포인트를 사용하기로 선택했다. 따라서, 프레젠테이션 소프트웨어는 수업 계획 활동의 틀을 구성하고 촉진하지만, 파워포인트가 주요 목적과 의도는 아니다. 이는 마치 화가의 목적과 의도가 캔버스와 물감 팔레트 자체에 있지 않은 것과 같다. 그럼에도 불구하고, 교사의 활동 유형과 의미 구조가 사용하는 특정 소프트웨어의 구조에 의해 조용히 형성되고, 순응되고, 변형되고, 재구성되고 있다는 것을 주목해야 한다. (p. 5-6)

교사가 파워포인트를 작업 도구로 선택하는 순간, 이 소프트웨어에 내재된 특정 디자인 명령, 결정, 제안에 얽히고 **잡히게 된다**. 이런 식으로 사물의 초대적 호소에 주의를 기울이거나 "귀 기울이는 것"은 디지털 기술이 교수 및 학습의 맥락에서 지원하고 펼쳐낼 수 있는 독특한 "의미와 행동의 지속적인 지평"(Introna 2009, para. 22)에 틈새를 열어 준다.

어포던스와 감정가

인간-컴퓨터 상호작용(Human-Computer Interaction) 및 디자인 연구에서 돈 노먼Don Norman의 연구를 접해 본 적이 있으면 초대적 성질과 "어포던스(affordance)" 개념 사이의 유사성을 인식할 수 있을 것이다. 노먼(Norman 1988)은 생태심리학자 깁슨의 개념을 차용하여 다음과 같이 설명한다.

> 어포던스란 사물의 인식 가능하고 실제적인 속성을 말하며, 일차적으로 사물이 어떻게 사용될 수 있는지를 결정하는 근본적인 속성이다. 어포던스는 사물의 작동 방식에 대한 강력한 단서를 제공한다. 판은 밀기 위한 것이다. 손잡

이는 돌리기 위한 것이다. 슬롯은 끼워 넣기 위한 것이다. 공은 던지거나 튀기기 위한 것이다. 어포던스를 활용하면 사용자는 보기만 해도 무엇을 해야 할지 알 수 있다. 그림, 라벨, 설명서가 필요 없는 것이다. (p. 9)

노먼(Norman 1988)의 관심은 어포던스 혹은 무엇을 "위한" 것인지에 대한 작동 가능성이 "사용자"에게 자명하게 드러나도록 기술적 객체를 디자인하는 것이다. 그의 생각은 제작된 객체의 유용성과 사용 가능성을 사용자 인터페이스 영역에 물질적으로 코드화하는 것이었다. 좋은 디자인은 기술적 인공물의 표면이든 인터페이스든 "얼굴(face)"이 사용자에게 적절한 기능과 작동 방식, 즉 인공물의 용도와 사용 방법을 명확히 전달할 때 나타난다. 노먼은 어포던스가 자연적으로 발생하는, 즉 물질적 특성이 우연적인 발생으로 인식되는 자연의 사물과 달리, 제조된 객체의 어포던스는 인공물에 명시적으로 설계되어야 한다고 주장한다. 만약 객체의 어포던스가 사용자에게 명확하지 않은 순간, 객체는 쓸모없게 된다. 현상학자에게 이러한 명확함 또는 나타남은 감응적 감수성, 즉 도구를 목적에 맞게 전유하면서 선반성적으로 파악하게 되는 것이다. 궁극적으로, 인간-컴퓨터 상호작용 전문가, 디자이너, 건축가는 제조된 객체와 장소가 소집하고 공유한 일상적이고 원시적이지만 당연시되는 관계를 촉진하고 형성하는 데 관심을 가진다.

그러나 노먼(Norman 1988)의 디자인 관점에서 어포던스는 사물이 우리에게 말을 건네거나, 최소한 "강력한 단서"를 전달할 수 있음을 인정하지만, 인간-기술 관계의 존재론적 연관성과 매체적 접힘(medial enfoldments)을 경시하고 사물의 실체적 또는 탐색 가능한 디자인 표면에만 관심을 둔다. 노먼은 어포던스라는 용어를 차용하면서, 깁슨이 제안한 사물과의 관계에 대한 가치지향적이고 생태적인 이해를 인공물의 "지각되거나 실체적인 속성"으로만 한정시켰다. 이로 인해, 선반성적이고 지속적이지만 강력하게 감응적인 사물과의 교감은 조용히 배제되었다. 사물의 초대적 성질에 주의를 기울이면, 잃어버린 깁슨의 의미, 특히, 사물과의 관계가 상호 구성적이고 생태적이며, 주체/객체의 경계를 선행한다는 통찰을 회복할 수 있다.

깁슨(Gibson 1979)의 책 《시각적 인식에 대한 생태학적 접근》에서, 어포던스는 객체 또는 환경이 생명체에게 가능하게 하거나, 제공하거나, 허용하는 행동 가능성으로 정의된다. 예를 들어, 바위는 도마뱀이 태양으로부터 몸을 보호하고 체온을 조절할 수 있도록 그늘을 제공한다. 어떤 객체는 특정한 활동을 가능하게 하는 반면, 어떤 객체는 그렇지 않을 수도 있다. 상상해 보건데, 다른 바위는 위치상 도마뱀이 시원한 그늘을 얻기에 적합하지 않을 수 있다. 어포던스는 개인이나 동물의 행동 능력에 의존하기도 한다. 예를 들어 호수의 표면은 늑대나 물고기에게는 걷기 능력을 제공하지 않지만, 소금쟁이에게는 제공한다. 2층의 열린 창문은 도둑에게는 침입할 길을 제공할 수 있지만, 마당의 아이에게는 그렇지 않다. 따라서 어포던스는 기능적 측면과 관계적 측면 모두를 가지고 있다. 기능적 측면은 객체의 물질적 가능성을 실현하거나 제약하고, 관계적 측면은 객체와 상대적 관계에 있는 생명체의 물질적 가능성에 따라 달라진다. 이 점은 노먼도 동의한다.

그러나 깁슨(Gibson 1979)에 따르면, 어포던스는 "객관적 속성도 아니고 주관적 속성도 아니다. 혹은 둘 다라고 할 수도 있다. 어포던스는 주관-객관의 이분법을 가로지르며, 이분법의 부적절함을 이해하는 데 도움을 준다"(p. 129). 라투르(Latour 2005)는 "객체와 주체는 존재할 수 있지만, 모든 흥미로운 일은 상류와 하류에서 일어난다"(p. 237)라고 지적한다. 어포던스는 생명체에 의해 직접적으로 혹은 자신의 물질성과 조응하여 지각되거나 이해된다. 인간은 어포던스를 선객관적, 선주관적, 선반성적으로 지각하고 이해한다. 깁슨(Gibson 1979)은 "관찰자의 필요가 변한다고 해서 어떤 사물의 어포던스가 변하지는 않는다. 객체는 존재로 그렇게 행동할 뿐이다"(p. 139)라고 덧붙인다. 즉, 의미는 사물이 특정 생명체나 특정 상황에 처한 인간에게 스스로를 드러내는 방식으로 세상에서 발견된다.

깁슨(Gibson 1979)은 자신의 "어포던스"(p. 127)에 대한 급진적 가설을 쿠르트 레빈Kurt Lewin의 Aufforderungscharakter에서 가져왔다고 밝혔다. 레빈의 이 용어는 "초대 성격", "요구 성격", "감정가", "어포던스" 등으로 다양하게 번역되어 왔다. 레빈(1935)의 《성격 역동 이론》의 영어 번역본에서 아담스Adams와 제너Zener는 Aufforderungscharakter를 감정가로 번역하였다. "특정 객체나 사건은 매력(attraction) 또는 혐오(repulsion)로 경험된다 … 우리는 이러한 객체들이 '**감정가(valence)**'을 가진다고 말할 것이다"(Lewin 1935, p. 51). 옥스퍼드 영어 사전에 따르면, 감정가는 활력, 능력, 힘을 의미하는 라틴어 valentia에서 유래했다. 이 단어는 가장 초기 기록에서(현재는 그렇게 사용하지 않지만) "치료에 사용되는 추출물이나 조제약"인 약용 정수(herbal elixir)를 의미했다. 이후 화학에서는 감정가를 원자들이 서로 끌거나 밀어내는 측정 가능한 능력을 나타내는 용어로 사용하기 시작했다. 심리학에서는 레빈의 Aufforderungscharakter에 기반하여 객체나 상황에 기인하는 매력 또는 반발력을 나타내는 전문 용어로 사용된다.

음조, 선율, 그리고 발화

사물의 초대적 성질에 귀 기울이기와 관련하여, 에스토니아 생물학자 야콥 본 윅스퀼(von Uexküll 2010 [1934/1940])의 연구는 주목할 만하다.

본 웍스퀼von Uexküll에게 객체는 창조물의 고유한 세계에서 "기능적 음조(funktionale Tonung)", 음영 혹은 색조로 나타나거나 드러난다. 예를 들어, 인간 세계의 맥락에서, 컵은 "마시는 음조", 의자는 "앉는 음조"을 가진다고 할 수 있다. 컵과 의자는 인간과 생활세계(Umwelt) 사이에서 이루어지는 지각과 움직임의 대위법적(contrapuntal) 선율의 일부이다. 생명체의 생활세계는 살아 있는 혹은 살아 있지 않는 물질적 힘의 지속적인 모임과 놀이에서 출현하는 다성적 선율, 혹은 호출과 응답의 교창으로 이미 항상 살아 있다. 웍스퀼의 통찰은 초기 현상학자들, 예컨대 하이데거와 메를로-퐁티에 의해 주목받았으며, 최근에는 잉골드와 탈인간주의 철학자인 앤디 클라크Andy Clark에 의해 다시 활용되고 있다.

미디어 생태학자 맥루한도 기술이 잠재적 사용자에게 전달하는 독특한 "발화"를 설명하기 위해 음조 또는 음악적 은유(metaphor)를 사용한다. 기술은 분위기이고 생태적이다. 새로운 기술을 받아들이고, 사용하는 법을 배우며, 익숙해짐에 따라, 그 기술의 독특한 선율은 조용히 세계로 스며들어 퍼져 나가며, 매력적인 "발화"를 방출하고 움직이게 한다. 맥루한과 맥루한에 따르면, "새로운 기술의 작용은 오직 사용자가 '잘 적응된' 혹은, 잠든 상태에서만 가능하다"(McLuhan & McLuhan 1988, pp. 127-128). 잠든 사용자가 기술의 매체적 "힘의 선"(McLuhan 1964, p. 15)과 그것이 낳는 "부작용의 소용돌이"(McLuhan & McLuhan 1988, p. 128)를 분별하기 위해서는 기술로부터 "비켜설" 방법을 찾아야 한다.

> 모든 미디어는 조심성 없는 인간들에게 자신의 가정을 강요할 수 있는 힘이 있다. 예측과 통제는 나르시스적인 최면의 잠재적 상태를 피하는 것으로 구성된다. 그러나 이를 위한 가장 큰 도움은 선율의 첫 마디처럼, 만지자마자 마법(spell)이 발생할 수 있다는 사실을 아는 것이다. (p. 15)

맥루한에게 모든 기술은 “사실상 하나의 단어이며, 경험을 하면서 한 형태에서 다른 형태로 번역되는 은유”이다(McLuhan & McLuhan 1998, p. 3). 기술의 “어원”은 인간 신체의 지각 및 행동 가능성으로 언제나 거슬러 올라갈 수 있다.

> 인간의 모든 인공물은 인간의 발화 혹은 외부화이며, 따라서 언어적이고 수사적인 존재들이다. 동시에, 인간의 모든 기술의 어원은 인간 신체에서 찾아볼 수 있다. 기술은 일종의 보철 장치이자 돌연변이이며, 신체 혹은 신체 일부에 대한 은유이다. (McLuhan & McLuhan 1988, p. 128)

발화하는 것은 단어, 구, 문장을 말하고, 발음하고, 표현하는 것이다. 옥스포드 영어 사전에 따르면, “utter”는 고대 영어 “ūttra”, 즉 “외부(outer)”를 의미하는 단어에서 유래한 것으로, 맥루한이 인공물을 “외부화(outerings)”라고 묘사하는 것을 선호하는 이유와도 연결된다. “발화”는 또한 유통하고, 내보내고, 공급하고, 제공하고, 공개하고, 알려지지 않거나 비밀스럽거나 숨겨진 무언가를 누설하고, 특정 인물이나 사물의 성격 혹은 정체를 선언하고, 드러내고, 알리고, 보여 준다. 기술이 발화하는 순간, 스스로를 드러내며, 자신의 성격을 누설한다.

모든 기술은 하나의 단어나 비유적 표현, 더 구체적으로는 은유로서, 항상 어떤 형태로 변화를 수반하거나 낳는다. 기술은 번역과 변형의 매개체이다. 수사학자 리처즈(Richards 1936)는 은유가 “언어의 편재하는 원리”(p. 92)라고 말하며, 모든 은유는 “유사성”(p. 89)을 선언한다고 주장한다.

> 가장 단순하게 표현하자면, 은유를 사용할 때 서로 다른 사물에 대한 두 가지 생각을 동시에 활성화시키며, 이 둘은 하나의 단어나 구절에 의해 지지된다. 그 의미는 이 두 생각의 상호작용에서 비롯된 결론이다. (p. 93)

은유는 운반체(vehicle)와 비유적 의미(tenor)라는 두 개의 불가분한 "절반"으로 구성된다. 예를 들어 "조산사로서의 교사(teacher as midwife)"라는 은유에서, 조산사는 운반체로 작용하며, 이 운반체를 통해 교사라는 개념은 새로운 비유적 의미를 획득하게 된다. 비유적 의미는 "닮음"의 선율, 즉 본래는 유사하지 않은 두 사물 간의 은유적 결합과 이로써 발생하는 생산적 긴장과 누수를 통해 불러일으켜지는 새로운 의미의 장이다. 새로운 언어적 어셈블라지가 형성되며, 그와 함께 새로운 의미 지반이 펼쳐진다. 이는 상관관계가 발견되고 단절이 해체되면서 가능해진다. 기술의 발화는 가장 단순한 형태로는 인간-기술, 행위자-네트워크와 같은 결합된 쌍(couplets)을 포함한다. 이러한 하이브리드 조합은 조산사-교사의 은유처럼 "함께 작용하는 다양한 것들"(p. 93)을 하나의 단어로, 또는 맥루한의 더 도발적인 표현을 빌리자면, 하나의 발화로 결집시킨다. 휴리스틱 6(미디어의 법칙 적용하기)에서 하나의 단어 또는 음조적 발화로서의 기술에 대해 다시 논의될 것이다.

휴리스틱 4:
고장, 사고, 이상 현상 살펴보기

면담 질문

- 특정 객체가 고장 나거나 예상치 않게 사라지면 무슨 일이 발생하는가?
- 고장, 사고, 이상 현상의 과정에서 어떠한 실천과 사물이 보다 눈에 띄게 되는가?
- 어떠한 이상 현상, 불일치, 모순이 진행되고 있는가? 의도하지 않았거나 놀랄 만한 결과가 있는가?

• 어떠한 에너지와 힘이 (고장 난) 객체가 행동하도록 압박을 가하고 있(었)는가? 어떤 마찰이 분명하게 드러나는가?

하나의 기술이 실천에 성공적으로 통합되면, 일상에 관여하는 당연한 배경으로 물러난다(Heidegger 1962). 예를 들어, 스마트폰에서 이메일을 확인할 때, 익숙해져버린 파란색과 흰색의 봉투 아이콘을 터치하면서 거의 주의를 기울이지 않으며, 기기, 운영 체제(OS), 무선 연결 및 이러한 커뮤니케이션 가능성을 함께 구성하는 글로벌 네트워크에 대해 생각하지 않는다. 대신, 나의 초점은 기술 그 자체가 아닌 새로운 메시지가 있는지와 그것을 읽는 데 맞춰져 있다. 이 과정에서 나를 지원하는 하드웨어와 소프트웨어, 대규모 인프라는 준비된 손-안에-있는(ready-to-hand) 장비적 배경으로 조용히 침잠한다.

기술이 고장 나거나, 예측할 수 없이 작동하거나, 예기치 않게 사라지면, 갑자기 그 기술의 물질적 존재 혹은 부재와 그것이 제공하는 실천과 활동, 그리고 삶의 끊김 없는 원활한 흐름 속에서 그 기술에 얼마나 의존하고 있었는지를 깨닫게 된다. 전기가 끊기거나, 자동차 시동이 걸리지 않거나, 스마트폰을 잃어버리는 경우를 생각해 보자. 이러한 사건이 발생하면, 고장 나거나 사라진 기술은 배경에서 튀어나와 우리 관심의 전면으로 떠오른다. 세계는 예상치 못하게 멈춰 버릴 수 있고, 진행 중이던 프로젝트는 중단되거나 좌절될 수 있다. 고장은 우리가 사물과 맺고 있던 당연한 관계를 불시에 덮치며 주의를 끈다. 그러나 주의를 기울이고 있던 관찰자는 이러한 사건이 제공하는 틈새를 통해 지속적인 상호 관계적 얽힘과 물질적 환경과의 암묵적 대화를 들여다볼 수 있다. 이러한 이유로, 고장, 사고, 이상 현상을 연구하는 것은 "자연적으로" 발생하든, 유도된 것이든, 상상된 것이든 간에 포스트휴먼 연구 접근법, 특히 ANT(예를 들어, Latour(1996)의 아라미스 프로젝트), 미디어 생태학(예를 들어, McLuhan et al.(1977)의 교실로서의 도시 프로젝트), 현상학(예를 들어, Heidegger(1962)의 망치), 후기현상학(예를 들어, Ihde(1979, 1983, 1990)의 사용 중인 기술에 대한 정밀한 분석) 등에서 공통적인 연구 접근으로 자리 잡고 있다.

라투르(Latour 2005)는 ANT 연구자는 현지조사에서 사물을 순간적으로 볼 수 있는 기회를 많이 가져야 한다고 말한다. 현상학자에게도 "'고장'은 해당 사물을 가시화할 뿐만 아니라 그것이 작동하는 관계망을 보여 준다"(Olsen 2010, p. 73). 이처럼, 파손, 사고, 이상 현상, 분실은 사물이 하는 일과 평소 잊혀져 있던 사물이 사물하는(thinging) 풍경을 가시화할 수 있는 풍부한 근거를 제공한다. 이때, 연구 참여자 혹은 연구자는 관심 있는 기술이 작동하지 않거나 특이한 일이 발생한 상황을 경험한 적이 있는지, 그것이 무슨 일이었는지, 그때 무엇을 발견했는지 같은 질문을 할 수 있다. 라투르는 문에 대한 분석에서 "비인간이 무엇을 하는지 알고 싶다면 비인간이 없을 때 다른 인간 혹은 비인간이 무엇을 해야 하는지 상상해 보라"(1992, p. 229)고 말한다. 이는 유용한 객체 면담 질문이다.

예를 들어, 키보드에 삭제 버튼이 없다면 어떻게 될까? 아마도 대부분은 디지털 정보의 쓰나미에 휩쓸려 정보 과부하에 압도될 것이다. 이러한 상황에서 어떤 에너지가 객체와 어셈블라지가 작동하도록 압박하는지에 대한 질문을 던질 수 있다. 톰슨(Thompson 2012a)은 만약 정보 포화 상태가 그렇게 만연하지 않았다면 삭제 버튼은 훨씬 덜 필요했을 것이라고 주장한다. 온라인 인공물을 제거하거나, 파괴하거나, 숨길 필요가 없다면 삭제 버튼 역시 필요하지 않다. 키보드에서 순진해 보이는 버튼으로 불러일으켜지는 삭제하기는 일상적이면서도 이색적인 실천으로 온라인 학습의 필수적인 부분이다. 삭제하기의 필요성으로 불러일으켜진 에너지는 데이터 개인정보 보호, 눈-앞에-있는 것으로서 온라인 신원 관리, 디지털 존재의 지속성, 그리고 온라인 활동 중 온라인 존재에 대한 적극적인 관리의 필요성으로 집중된다. 이러한 종류의 면담 질문을 통해 멀리 떨어져 있더라도 흥미로운 실천의 바로 그 현장에서 행위자가 작동하는 것을 엿볼 수 있다.

마이클(Michael 2000)은 중개자(intermediaries)가 고장 날 때, “갑자기 그것들이 중개 역할을 하고 있었다는 사실을 인식하게 된다. 모든 일들과 평범하고 눈에 띄지 않게 존재할 수 있도록 해주던 배열이 극적으로 드러난다”(p. 24)라고 말한다. 이를 통해, 일상적인 실천에서 인간과 사물을 긴밀히 엮는 친밀한 연대의 일부가 드러날 수 있다. 그러나 이러한 인식은 반드시 큰 고장만을 통해 드러나는 것은 아니다. 마이클(Michael 2000)은 “일상적인 기술이 조용히 정상성을 유지하면서 역할을 수행하는 일상의 틈새에서 우리는 온갖 종류의 작은 ‘비정상(abnormalities)’을 발견할 수 있다”(p. 4)라고 덧붙인다.

이동성과 모바일 기기에 대한 톰슨(Thompson forthcoming)의 최근 연구 프로젝트에서 고장, 사고, 작은 이상 현상의 여러 가지 사례를 발견했는데, 각 사례는 연구자가 자료의 사회물질성을 보다 가시적으로 보여 주기 위한 출발점 역할을 했다. 하나의 예를 살펴보자. 휴대전화, 태블릿, 노트북과 같은 기기들은 흔히 이동성을 촉진한다고 간주된다. 더 나은 또는 더 많은 형태의 이동성을 가능하게 한다고 여겨지는 것이다. 톰슨(Thompson forthcoming)의 연구 자료 일부는 이 주장을 명확히 뒷받침한다. 예를 들어, 모바일 기기는 이동 중에 시간을 보내는 데 자주 사용되어, 물리적 이동의 공백을 메운다. 이를 빈센트라는 케냐의 소프트웨어 테스터는 다음과 같이 설명한다.

> 할일이 없으면 페이스북, 문자, 구글링하는 데 휴대전화를 주로 사용해요. 버스에서 교통 체증에 갇혔는데, 해결해야 할 문제가 있을 때도요. 공공장소에서 킨들이나 노트북을 꺼내고 싶지 않아서 휴대전화를 사용하는 거죠.

여기서 작은 이상 현상을 엿볼 수 있다. 모바일 기기 어셈블라지는 눈에 띄지 않아야 할 때가 있으며, 필요할 때는 배경으로 사라져야 한다. 빈센트는 자신의 환경을 읽는 방식에 대해 이렇게 말했다.

> 출근길에는 킨들을 사용하지만, 퇴근이 늦어지면 사용하지 않아요. 공원에 갈 때는 킨들이나 휴대폰을 꺼내죠. 다른 안전한 장소인 인터넷 카페에서도요. 보안이 가장 중요해요. 제 기기들이 주목받는 걸 원하지 않으니까요.

빈센트는 하루 중 특정 시간에 특정 공공장소에서 특정 모바일 기기를 사용한다. 이는 연구자에게 무엇을 시사하며, 어떤 면담 질문을 추가로 할 수 있을까? 여기서 모바일 기기는 이동성이 떨어지고, 이동성을 향한 움직임이 어떻게든 멈춘 것처럼 보인다. 조금 더 구체적으로 말하자면, 모바일 일-학습 실천은 화면의 내용뿐만 아니라 화면 자체와도 관련이 있다. 모바일 기기로 인해 이동성이 떨어지는 다른 사례가 있는가? 비이동적 실천에 연루된 다른 행위자들이 있는가? 톰슨(Thompson forthcoming)은 다음과 같은 사례를 제시한다. 고장 난 무선 카드는 사용자를 특정 장소에만 가두고, 보안 문제는 휴대폰을 집에 두어 이동하지 못하게 하며, 르완다의 모바일 앱 스타트업의 CEO인 클레어의 말처럼, 와이파이가 없거나 심카드 잔액이 부족하면, 모바일 기기는 "이동 중에는 완전히 쓸모없다." 그러나 이러한 비이동성은 개별 어셈블라지에서 다르게 나타나며, 이동성과 비이동성 사이를 오가기도 한다. 예를 들어, 캐나다 성인 교육자인 댄의 경우, 비싼 데이터 요금제와 와이파이 연결이 가능하지 않아 이동 중에는 온라인에 접속할 수 없다. 하지만, 이는 협상된 비이동성이다.

> 새 휴대폰을 구입할 때 가장 저렴한 요금제를 선택해서 데이터를 사용할 수 없어요. 언제나 온라인에 접속할 필요는 없어요. 터무니없는 요금을 내고 싶지 않거든요. 버스에 앉아서 온라인에 접속할 수는 없지만 그럴 필요도 없어요. 그 정도는 충분히 감당할 수 있어요.

이러한 이상 현상의 물질성은 이동성과 비이동성이 불안정하지만 필수적인 긴장에 놓여 있음을 부각한다. 이상 현상이 만들어 내는 공간에서는 데이터 요금제, 보안 문제, 스크린과 같은 다른 행위자 또는 이동성의 형성이 공간의 형성과 관련되는 것과 같은 실천들을 엿볼 수 있다. 언뜻 보기에는 명확히 드러나지 않지만 더 많은 일들이 일어나고 있다. 표면적으로 "모바일" 일-학습 실천은 언제-어디서나라는 수사적 표현에서 인정되는 것보다 더 많은 지역적 감각에 얽혀 있다. 일과 학습을 위한 온라인과 오프라인 공간의 형성이 매우 유동적이고 임시적인 과정이라는 점도 뚜렷하게 드러난다. 네 번째 휴리스틱의 면담 질문을 통해 이러한 실천들을 엿볼 수 있다.

준비된 도구(손-안에-있음)와 고장난 도구(눈-앞에-있음)

기술이 고장 나거나, 오작동하거나, 없어졌을 때 일어나는 일을 면밀히 관찰하는 것은 현상학의 주요 방법 중 하나인 형상적 환원(eidetic reduction) 또는 상상적 변형(imaginative variation)의 핵심 요소이기도 하다. 형상적 환원은 모든 현상이 자신과 관련된 다른 현상들과의 차이를 통해 고유한 정체성을 획득하며, 본래적으로 그것이 **아닌** 것에 의해 구성되며 규정된다고 인식한다. 하이데거(Heidegger 1962)의 고장 난 망치에 대한 분석은 이러한 접근법의 탁월한 사례이다. 하이데거(Heidegger 1962)는 《존재와 시간》에서 세계-내-존재 혹은 현존재인 인간이 항상 이미 자신을 둘러싼 세계의 사물이나 "도구"와 얽히고 관계하고 있음을 보여 준다. 주변 사물에 대한 이러한 관여 또는 "관심 어린 다룸(concernful dealing)"은 가장 일반적이고 원시적인 "손-안에-있는" 상태이다.

> 망치로 망치질을 할 때와 같이 도구는 그것이 만들어진 본래적 용도로 사용될 때 비로소 진정으로 그 자체를 드러낼 수 있다. 그러나 이러한 방식으로 사용될 때, 이런 종류의 존재는 단순히 하나의 떠오르는 사물로 주제화되지는 않는다. 우리는 망치라는 사물을 그저 바라보는 것이 아니라, 그것을 손에 쥐고 사용하면 사용할수록, 우리의 관계는 더욱 원시적으로 변하고, 망치-사물은 그 자체로서, 즉 '도구'로서 더 선명하게 드러나게 된다. 망치질을 하는 행위 자체가 망치의 특정한 "조작가능성[Handlichkeit]"을 보여 준다 … 우리는 이를 "손-안에-있음[Zuhandenheit]"이라고 부른다.
>
> (Heidegger 1962, p. 98)

우리는 사물을 단순히 독립된 객체로서가 아니라, 우리 세계와 지속적이며 친밀한 관계의 일부로 마주하는 경향이 있다. 이러한 "손-안에-있는" 방식으로 이루어지는 원시적인 교감은 존재론적으로 근본적이며, 즉 "가까이에서, 그리고 대부분의 경우, 현존재는 그 '세계' 속에서 상실된다" (Heidegger 1962, p. 264).

어떤 "사물이 환경과 분화되지 않은 얽힘에서 끌려 나와 전시될 때"(Gunkel & Taylor 2014, p. 100) 비로서 "눈-앞에-있는" 것으로 나타나며, 우리와 분리된 독립된 객체로 분명해진다. 이러한 관계의 변화는 어떻게 드러나는가? 스마트폰을 쥐었는데 완전히 배터리가 방전된 상태라면, 스마트폰을 물질적 객체로서 인지하게 된다. 현상학적으로 말하자면, 객체로서 스마트폰은 우리와 분리되어 타자적인 것으로 나타난다. "객체란 장애물이 되어 길을 가로막는 문제, 마치 발사체처럼 내 길에 던져진 문제"(Flusser 1999, p. 58)이다. 눈-앞에-있는 상태의 객체는 눈에 띄고 고집스러우며, 본래의 관계적 맥락에서 일시적으로 분리된 사물로 나타난다. 실비아 벤소(Benso 2000)는 우리에게 나타나는 눈-앞에-있는 사물을 다음과 같이 설명한다.

> 관계와 참조의 망, 연결을 잃어버린 실체이다. 더 이상 교차의 장소가 아니며, **현존재와** 다른 사물로부터 분리되어 고립된 상태로 취급된다 … 눈-앞에-있는 것으로 드러내는 실체들은 삶이 정지된 객체가 되어, 서로를 참조하는 다양한 교차의 가능성에서 비롯되는 역동성과 생기를 상실한 실체이다.
>
> (Benso 2000, pp. 84-85)

사회물질적 담론에서 이는 행위자가 연관성의 네트워크에서 분리되어 가시화되거나, 블랙박스에서 해제(unblack-boxed)되는 순간을 의미한다. 에릭 피커스길Eric Pickersgill의 사진집 《제거됨》(2016)은 부재로 인해 나타나는 눈-앞에-있는 순간을 잘 보여 준다. 그의 사진들에서 인간 주체는 침대에 누워 있거나, 식당에서 식사를 하거나, 도시를 운전하거나, 길모퉁이에 서 있는 등 일상적인 상황에서 휴대폰에 몰두한 모습이다. 그러나 사진들은 의도적으로 피사체의 손에서 휴대폰을 제거하였다. 이러한 부재를 통해 보는 이는 피사체의 자세와 기울여진 초점, 타인 및 주변 세계와의 관계, 그리고 오늘날 보편화된 기술이 갖는 넓은 의미에 대해 생각해 볼 수 있다.

미디어 생태학자인 맥루한 외(McLuhan et al. 1978)가 지적한 것처럼, "특정 기술 혹은 **형상**(figure)을 갑작스럽게 제거하여 관찰하는 방법은 그 형상의 **배경**(ground)이 되는 부작용에 주목하게 한다"(p. 93, 원문 강조). 부재한 **형상**(휴대폰)은 이전에는 숨겨져 있고 당연시되었던 **배경**(휴대폰이 맺은 관계의 매체적 망)을 드러낸다. 이렇게 형상-배경 전환을 촉발하거나 경험하는 신뢰할 만한 방법 중 하나는 관심 있는 기술을 일정 기간 동안 실천에서 배제하고 어떤 일이 일어나는지 관찰하는 것이다. 이러한 이유로 미디어 수업에서 즐겨 사용되는 실습이 "플러그 뽑기(unplugging)", 즉 특정 기술을 24시간 동안 사용하지 않는 실험이다(예를 들어, Adams 2017; Moeller 2010).

기술의 기술화 영향력과 그런 분위기에 대한 중독성을 파악하기 위해서는 우리가 그 **안**에, 즉 해당 기술을 사용하며 친밀하게 관여하고 몰입해야 한다. 그러나 기술에 몰입할 때, 우리는 필연적으로 퍼져 가는 기술화 영향력의 그물에 직접적이고 즉각적으로 걸려들어 잠들게 된다. 예상치 못한 기술적 고장이나 신체적 부상이 발생하면, 연구자나 실천가는 자신의 일상적이고 반성적이지 않은 "세계와의 순진한 접촉" (Merleau-Ponty 2012, p. xx)에서, 더 정확하게는 인위적으로 유도된 최면 상태에서 잠시 깨어날 수 있다. 깨어나면 충격으로 당황스럽겠지만, 환원, 즉, 체험된 현상을 원래의 형태로 복원하려는 시도를 하기에 이상적인 기회일 수 있다.

디지털 글쓰기 기술을 연구하던 중, 아담스는 넘어져 글쓰는 손의 뼈가 골절되는 부상을 입었다. 이 경우 고장 난 것은 기술이 아니라 인간이었다! 하지만 이 사고는 다양한 글쓰기 도구와 작업대가 글쓰기 실천에 어떠한 영향을 미치는지에 관한 연구에서 예기치 못한 기회가 되었다(Adams 2016).

> 나는 자주 쓰지 않던 오른손으로 펜을 쥐고 서명이 필요한 문서에 사인하거나 대화 중에 냅킨에 간단한 메모를 남기려고 했다. 그러나 곧 오른손으로 글씨를 쓰는 것이 어색하고 곤혹스러울 정도로 느리다는 것을 알게 되었다. 내 필체는 거의 알아볼 수 없거나 여섯 살짜리 아이가 쓴 것처럼 보였다. 그

> 럼에도 불구하고, 내가 글씨를 쓰려고 애쓰는 동안 오른손이 각 글자의 모양과 특징을 "알고 있다"는 점이 놀라웠다. 분명히, 철자와 글쓰기 능력은 몸 전체에 내재되어 있지만, 특히 손을 통해 가장 정교하게 표현되는 것이었다.
> 그러나 쿼티 키보드에서는, 평소에는 "비주력"인 오른손이 동등하게 숙련된 파트너로 참여하며 키보드의 절반뿐 아니라 마우스나 트랙패드까지 제어했다. 가끔은 부상당했지만 여전히 적극적인 왼손 집게손가락의 도움을 받아, 이전에 두 손, 실제로는 세 손가락과 엄지 손가락이 멀쩡할 때 수행했던 독수리 타법과 거의 비슷한 속도록 이메일에 응답할 수 있었다. 물론 부피가 큰 깁스를 하고 알 수 없는 조합의 키를 눌러 이메일이 일찍 전송된 적도 몇 번 있었다. 그리고 남편이 등장해서 "지금 뭐 하는 거야?! 손을 쉬게 해야지, 키보드를 두드리고 있을 때가 아니야!!"라고 훈계하기도 했다. 나는 글쓰기에 너무 몰입한 나머지 왼손이 다쳤다는 사실을 완전히 잊기도 했다.
> 내 손, 아니 정확히는 데스크톱 컴퓨터 또는 노트북이나 아이패드 키보드 위의 손**들**은 글을 쓰고 **싶어** 하는데, 역시 다 함께 글을 쓰고 싶어 한다. 리듬감 있는 타자와 폭발적으로 터지는 이해가 그들 사이에 자연스럽게 살아 숨 쉰다. 이 손들은 오랜 시간 동안 내 손글씨 서명만큼이나 독특한 타자 춤과 장단의 뭉치를 만들어 냈다. 두 손의 손가락들이 함께 글자, 단어, 문장을 두드리며, 안무 작업을 매끄럽게 분담한다. 오른손은 드롭다운 메뉴, 탭, 툴바, 스크롤을 담당하며 마우스와 키보드 사이를 유연하게 오간다. 서로의 공간을 침범하는 일은 결코 없는데, 내 손가락과 손이 **바로** 그 공간**이기** 때문이다.
> (pp. 482-483)

고장난 도구 접근법을 통해 기술이 가장 당연시되고 준비된 상태로 사용되던 순간을 회상하며 관찰할 수 있다. 명백한 고장을 연구하든, 일상적인 행동에서 부조화에 대해 의아해 하든, 이러한 사건과 이상 현상은 디지털 및 비디지털 사물들이 움직이고, 일상적 실천과 얽히며, 그 속에서 포착되는 모습을 목격할 수 있는 좋은 기회를 제공한다.

CHAPTER

03

그물망 느슨하게 하기,
매체성과 물질성 분석하기

CHAPTER 03

그물망 느슨하게 하기, 매체성과 물질성 분석하기

초록

포스트휴먼 탐구를 위한 나머지 네 가지 휴리스틱인 인간-기술-세계 관계의 스펙트럼 분별하기, 미디어의 법칙 적용하기, 번역 풀어내기, 응답과 경로 추적하기를 자세히 설명한다. 이 장에서 핵심은 얽혀 있는 디지털 사물 중 관심 있는 것을 드러낸 후 매체적 관계와 물질적 기여를 반성적으로 분석하는 것이다. 각 휴리스틱은 서로 다른 이론적 틀을 사용하지만, 모두 포스트휴머니즘에 상응한다. 마지막으로 실제 적용한 사례를 다룬다.

주요어: 인간-기술-세계 관계, 미디어의 법칙, 후기현상학, 테트라드, 번역

이전 장에서는 "기술적 몽유병(technological somnambulism)"(Winner 1986, p. 5)에서 깨어나 전문적 실천과 일상적 맥락에 존재하는 객체와 사물에 조율하는 방법을 탐색하였다. 이제 관계적 그물망과 장비적 환경을 느슨하게 풀어내고, 얽혀 있는 사물 중에서 관심 있는 것을 부드럽게 드러낼 수 있는 단계에 이르렀다. 메를로-퐁티(Merleau-Ponty 2012)가 말했듯

이, “우리는 세계를 보고 그것을 하나의 역설로 이해하기 위해 친숙한 세계와 단절해야 한다. 단절을 통해 우리는 다름 아닌 아무런 동기 없이 솟아 나오는 세계를 알 수 있다”(p. xxvii). 이러한 단절은 세계가 “우리 자신에게 온전히 되돌아가기 이전에”(p. xxx) 어떻게 나타나는지를 보기 위해 세계와 연결된 “지향적 실타래”(p. xxvii)를 느슨하게 하지만 결코 끊어 내지 않는다. 아래에서는 객체를 면담하기 위한 네 가지 휴리스틱을 추가로 제시한다. 각 휴리스틱은 특정 기술이 만들어 내는 매체성(medialities), 즉, 그 기술이 형성하는 분위기나 경험된 세계를 성찰하고, 실천의 물질성(materialities)을 분석하기 위한 서로 다른 접근 방식을 제공한다.

휴리스틱 5:
인간-기술-세계 관계의 스펙트럼 분별하기

면담 질문

- 이 기술은 어떤 종류의 인간-기술-세계 관계를 만들어 내는가?
- 그 관계는 체화적(Embodiment)인가? 해석학적인가(Hermeneutic)? 타자적(Alterity)인가? 배경적(Background)인가? 아니면 다른 그 무엇인가?

돈 아이디(Ihde 1990)는 《기술의 후기현상학》에서 “기술은 행동의 틀을 제공하여 … 사용 패턴이 지배적인 형태를 취하는 지향성과 경향성을 만든다”(pp. 140-141)라고 말한다. 그는 세계의 참여를 구조화하고 움직이는 세 가지 주요한 인간-기술 관계의 전형과 그 변이형을 밝혀낸다. 아이디는 초점적 관계를 체화적, 해석학적, 타자적 관계로 부른다. 여기에 비초점적 관계로 배경적 관계를 추가한다. 이러한 인간-기술의 관계는 연속선상에 놓여 있으며, 종종 서로 겹치기도 한다. 예를 들어, 체화적 관계는 해석학적 관계를 경유한다. 또한, 기술과의 관계적 양식은 시간, 상황, 목적에 따라 크게 달라질 수 있다. 그럼에도 불구하고, 이러한 기본적인 관계 변화의 특성을 분별하는 것은 기술이 우리의 인식, 앎의 방식, 실천적 행동을 어떻게 중재하는지를 더 비판적으로 이해하는 데 유용하다. 아이디(Ihde 1990)의 표현에 따르면, 이를 통해 우리의 생활세계가 어떻게 새로운 형태와 곡선, 의미와 궤적을 획득하게 되는지 이해할 수 있다.

아이디(Ihde 1990)의 인간-기술의 관계 분석은 현상학의 지향성 개념에 기반하고 있다. 현상학의 역사에서 지향성은 재해석되고 정교화되었으며, 때로는 폐기되기도 했다. 후설에게 지향성은 경험의 기본 구조, 즉 "방향성(directedness)"을 의미한다. 의식은 항상 무언가에 대한 의식이거나 무언가에 관한 것이다. 하이데거(Heidegger 1962)의 **현존재**의 "자세(comportment)" 개념은 메를로-퐁티(Merleau-Ponty 2012)의 "나는 할 수 있다"라는 비인지성과 함께, 미리 예측할 만한 세계에 대한 애착과 분리할 수 없는 통합까지 포괄하면서 지향성에 대한 이해를 풍부히 하고, 실존적으로 수정하였다. 지향성은 인간이 세계와 맺는 의미로 가득 찬 관계적 연결을 설명하는 개념으로 자리 잡았다.

아이디(Ihde 1990)는 인간과 생활세계를 "인간-세계"라는 하이픈으로 묶어 원초적인 지향적 상호 관계를 표현하고자 했는데, 이는 하이데거의 세계-내-존재를 상기시킨다. 하이픈에는 두 개의 화살표가 축약되어 있다. 하나의 화살표는 지향성의 방향성과 연결성(인간→세계), 즉 세계를 향한 인간의 "자연적 태도(natural attitude)"를 의미한다. 여기서 태도란 성향, 자세를 의미하기도 하지만, 맞아떨어지고, 어울리고, 결합하는 것을 암시하기도 한다. 두 번째 화살표는 반대 방향으로 인간-세계 관계가 재귀적(reflexive)임을 나타낸다. 세 번째 휴리스틱인 사물의 초대적 성질에 귀 기울이기에서 살펴보았듯이, 세계 주변은 우리에게 (다시) 말을 건넨다(인간←세계). 이처럼 간단한 수학적 약호로 표현할 수 있지만, 지향성은 하나의 납작한 실타래가 아니라 생활세계와 밀접한 관계로 맺어진 망으로된 뭉텅이이다. 여기서 다루는 것은 결정론이 아니라 "상호 침투"(reciprocal penetration)(Canguilhem 2001, p. 30)이다. 이와 같은 인간-세계라는 지향성의 현상학적 상관관계에 아이디는 "테크놀로지" 혹은 초기 작업에서는 "기계"(1979)나 "매체"(1983)로 언급된 것을 삽입하여 인간-기술-세계를 구성한다. 아이디는 인간과 세계 "사이", 즉 매개적이자 교섭 담당자의 위치에서 기술이 매개자, 즉 매개하는 행위자로서 세계와 인간의 행동 및 지각 관계에 다양한 방식으로 어떠한 영향을 미치고 작용하는지를 탐색한다.

체화적 관계

기술과 맺는 가장 원초적인 관계는 체화이다. 체화적 관계는 기술적 인공물이 인간의 신체적 자아의 연장이 되어 신체 경험 일부로 '통합'될 때 형성된다. 자동차, 펜, 스마트폰 모두 이러한 관계 범주에 속한다. 자동차는 발을 확장하고, 펜은 손가락을 확장하며, 스마트폰은 목소리 그리고 기억 등을 확장한다. 기술은 매개체 또는 공기와 같은 주변으로 작용하며, 이를 **통해** 지각적 감각을 증폭하고 신체 능력을 확장할 수 있다. 인간-기술의 체화적 관계는 "특정 기술을 특정 방식으로 우리의 경험에 통합하면서, 기술을 통해 지각하고 동시에 우리의 지각과 신체 감각이 재귀적으로 변화하는 것"(Ihde 1990, p. 72)을 포함한다. 아이디는 이러한 관계를 "(인간-기술)→세계"로 표현한다. 인간과 기술이 함께 결합되어, 친밀한 조합을 통해 인간 혹은 인간-기술로서의 인간은 자신의 세계를 새롭게 경험한다.

이와 같은 실존적 관계는 투명성이라는 감각으로 특징지어진다. 기술이 사용 중일 때, 기술은 "물러나서" 조용히 배경으로 사라진다. 사용자의 관심은 기술이 아니라 세계에 맞춰진다. 메를로-퐁티(Merleau-Ponty 2012)는 이를 다음과 같이 설명한다.

> 시각장애인의 지팡이는 더 이상 그 자체로 지각되는 대상이 아니며, 오히려 지팡이의 가장 끝 지점이 민감한 영역으로 변형되어 만지는 행위의 범위와 반경을 확장하고 시선과 유사한 역할을 하게 된다. (p. 144)

투명성의 외관을 이루기 위해서는 기술에 익숙해지고 습관화되어야 한다. 예를 들어, **숙련된** 운전자가 자동차에 올라타면 다음과 같이 된다.

> 자동차와 하나가 되며, 자동차는 신체 일부가 된다 … 몸은 자동차만큼 넓어진다. 운전자는 특정 공간을 통과할 수 있는지 '측정'하지 않고, 시간이 지나면 '느낀다.' 이러한 감각은 오직 운전대 앞에 앉아 있을 때만 느껴진다.
> (van Lennep 1987, p. 143)

초보 운전자는 자동차와 이러한 관계를 아직 맺지 못한다. 도로와 교통 상황을 고려하면서 운전의 여러 가지 몸짓적 습관을 몸이 익히려면 시간과 연습이 필요하다. 습관이 형성되고 안정화되면, 운전자는 자동차에 거주하게 되며, 반대로 자동차도 운전자의 몸에 참여하게 된다.

> 자동차나 지팡이에 익숙해진다는 것은 그것들 안에 거주하는 것이고, 반대로 그것들이 몸의 부피에 참여하게 만드는 것이다. 습관은 우리가 세계 속에서 존재를 확장하거나 새로운 도구를 통합하여 우리의 존재를 변화시킬 수 있는 힘을 표현한다. (Merleau-Ponty 2012, p. 145)

현상학적으로, 운전자는 결코 차량과 완전히 통합될 수 없다. 기술의 물질성이 지각적 인식을 완전히 벗어날 수 없기 때문이다. 발은 가속 페달이나 브레이크에, 손은 운전대에, 눈은 도로에 둔 운전자는 차량과 "절대적 근접성"을 유지하지만 동시에 "극복할 수 없는 거리"(Merleau-Ponty 1968, p. 127)를 갖는다. 가장 완벽한 체화적 관계 속에서도 기술은 여전히 타자로 남는다. 기술은 완전한 통합을 거부한다. 이러한 저항은 아이디(Ihde 1979)가 말하는 "메아리 초점(echo focus)"(p. 7)을 만들어 낸다.

해석학적 관계

해석학적 관계는 기술의 의미를 이해하거나 "읽어야" 할 때 형성된다. 예를 들어, 온도계를 읽어서 바깥 날씨가 얼마나 추운지 알 수 있다. 지도를 읽고 현재 위치를 파악하고, 나의 지리적 위치와 그에 상응하는 지도상의 특징을 일치시켜 목적지까지의 경로를 찾는다. 파워포인트와 같은 소프트웨어를 사용하려면 특수한 그래픽 환경, 아이콘, 메뉴, 도구 모음 등의 기능을 읽고 해석할 수 있어야 한다. 책을 읽기 위해서는 영어라는 언어를 알아야 하며, 보다 구체적으로는 페이지에 인쇄된 알파벳 텍스트를 해석할 수 있어야 한다. 따라서 기술과 해석학적 관계를 맺기 위해서는 기술 고유의 언어와 규칙을 배워야 한다. 섭씨 또는 화씨, 위도와 경도, 아이콘, 드롭다운 메뉴, 리본, 탭과 버튼, 알파벳, 철자와 문법 등이 그 예다. 아이디는 이러한 관계를 "인간→(기술-세계)"와 같이 나타낸다. 해석학적 관계를 경유해야만 기술을 통해 질감화되거나 겹쳐 놓은 형태의 세계를 파악하고 새롭게 이해할 수 있다. "사용자는 기술 자체를 직접 경험하고 해석해야만 세계와 변형된 만남을 경험하게 된다"(Rosenberg & Verbeek 2015, p. 17). 해석학적 관계는 기술이 제공하는 세계와 세계 그 자체 사이에 긴밀한 연결을 형성한다. 기술에 의해 즉각적으로 지각된 세계는 기술이 제공하는 언어로 **번역된다**(날씨가 따뜻하네, 30°C겠군!). 이를 통해 이해의 지평은 새로워지고 확장된다.

해석학적 관계는 다양한 정도의 체화적 관계도 수반한다. 예를 들어, 책을 읽을 때 우리는 주로 텍스트와 해석학적 관계를 맺는다. 책은 우리가 세계를 특정 방식으로 이해하고 해석하도록 초대한다. 책을 집어 들면 우리의 신체는 책에 맞춰 조정된다. 적당한 거리에서 책을 펼쳐 들고, 팔꿈치를 무릎이나 테이블에 받치며 페이지를 넘긴다(van Manen & Adams 2009). 이 과정에서 책의 물질성은 물러나고 우리의 손에 선반성적으로 흡수된다. 마찬가지로 소프트웨어를 사용하기 위해서는 우리의 손이 키보드와 마우스 또는 트랙패드와 긴밀하게 체화적 관계를 맺어야 한다(Adams 2016). 자동차 운전은 명확한 체화적 관계이지만, 상황의 복잡성을 고려하면 해석학적 요소도 분명하게 나타난다. 차량 내부에서 운전자는 속도계, 연료 표시계, 위성 위치 확인 시스템(Global Positioning System, GPS)과 같은 여러 가지 해석학적 장치를 확인하고 읽어 내야 한다. 차량 외부에는 다양한 도로 표지판, 바뀌는 신호등, 심지어 다른 자동차가 주는 신호 혹은 부재의 의미를 해석해야 한다. 결정적으로 해석학적 관계는 세계에 대한 특정한 틀을 제공하여 사고 습관을 형성하고 지식을 보유하는 방식을 구조화한다. 파워포인트로 수업 자료를 만들 때는 슬라이드, 개조식, 이미지라는 틀 안에서 생각하게 된다(Adams 2006). 지도를 들고 있을 때 도시는 평면 위에서 거리, 위치, 교차로로 주어진다. 온도계를 읽을 때는 주변의 따뜻함을 수치로 받아들이게 된다.

타자적 관계

타자적 관계는 기술적 인공물이 "타자"로 경험될 때 발생한다. 이러한 관계는 기술이 자체적인 의지를 가진 것처럼 보이거나, 우리의 의도를 따르지 않거나, 혹은 예상치 못한 방식으로 작동할 때 나타난다. 오늘날 디지털 세계에서 우리는 점점 더 기술과 타자적 관계를 맺게 된다. 예를 들어, 인터넷 봇, 아바타, 로봇과의 상호작용에서 이러한 관계를 경험할 수 있다. 우리는 인간이 아닌 봇과 상호작용하고 있다는 사실을 깨닫지 못할 수도 있고, 혹은 잘 모를 수도 있다. 요제프 바이첸바움(Weizenbaum 1966)의 로저스식 심리치료사와의 대화를 시뮬레이션하는 소프트웨어인 엘리자(ELIZA)는 타자적 관계의 고전적 사례로, 소프트웨어가 어떻게 인간을 타자적 관계로 빠르게 끌어들일 수 있는지 보여 준다. 타자적 관계는 어린아이가 좋아하는 잠자리 장난감과 친밀한 유대감을 형성하는 경우에도 볼 수 있다. 일부 성인의 경우에도 특정 "사용자 애착" 관계를 경험할 수 있다. 예를 들어, 자동차나 스마트폰에 애착을 느끼며 특별한 이름을 붙여 주고, 애정을 담아 말을 걸기도 한다(Thorsteinsson & Page 2014). 아이디는 이러한 관계를 "인간→기술-(세계)"로 표현한다.

타자적 관계는 우리가 새로운 기술을 배우는 과정에서도 작동한다. 이러한 관계는 종종 어색함, 불협화음, 어려움으로 특징지어진다. 예를 들어, 새로운 휴대폰을 사용할 때, 이전 버전에 익숙해진 손과 손가락이 낯선 지형을 마주하게 된다. 아직 특수한 언어나 물질성의 윤곽을 알지 못하기 때문에 적절하게 상호 응답할 수 없다. 습관이 되기 전까지는 기술은 실존적으로나 해석학적으로나 물러날 수 없다. 오히려 인간은 그것을 타자로 직접적으로 대면하게 된다. 예를 들어, 새로운 소프트웨어를 배우기 전에 우리는 그 가능성을 익히려 애쓰고, 레이아웃과 아이콘 언어에 익숙해지려 노력한다. 물론 그러한 실천 속에서 기술을 통합할 방법을 찾는데 어려움을 겪기도 한다. 아직 기술의 가용 가능한 기능에 익숙하지 않은 것이다. 기술의 어휘로도 생각할 수 없다. 고유한 환경과 방해받지 않는 친밀감도 형성하지 못했다. 기술은 여전히 나와 다른 **타자**로 남아 있는 것이다. 비슷한 맥락에서 네 번째 휴리스틱인 고장, 사고, 이상 현상 살펴보기처럼 타자적 관계는 기술이 갑자기 고장 났을 때도 발생한다. 이러한 순간들에, 우리가 손-안에-있던 도구로 즐기던 체화적 관계 또는 해석학적 관계의 기술은 기대와 다른 타자로 돌변한다. 기술은 이제 "눈에 띄고, 거슬리며, 고집센"(Gunkel & Taylor 2014, p. 109) 존재로, 즉, 갑자기 눈-앞에-있는 객체로 변한다. 기술은 나 자신의 자연스러운 확장이나 해석학적 지원 도구가 아니라, 이해할 수 없는 존재 또는 나와 다른 타자로 드러난다.

배경적 관계

마지막으로, 인간은 기술과 "배경적 관계"(Ihde 1990, pp. 156-159)를 맺는다. 배경적 관계는 기술이 투명하게 작동하며 눈에 띄지 않는 상태로, 일상에서 잊혀진 배경 혹은 생활세계 속에서 함께하는 관계를 말한다. 이러한 기술들은 도구적 또는 인프라적 환경의 일부다. 난방, 전기, 통신 시스템뿐만 아니라, 감시 기술, 빅데이터 분석, 사물인터넷 등도 배경적 관계 범주에 속한다. 배경 기술과 장비는 주로 우리의 의식 바깥에서 수행하며, "영원히 작동하며, 매 순간 우리의 명시적 인식이 움직이는 서식지를 지속해서 만들어 낸다"(Harman 2002, p. 18). 어떤 면에서 배경적 관계는 비초점 체화적 관계라고 부를 수 있다. 기술이 다양한 방식으로 우리의 지각과 행동의 가능성을 증진시키고 확장하기 때문이다. 아이디는 이러한 관계를 "인간→(기술/세계)"로 표현한다. 해당 표식은 인간의 세계에 대한 근본적이고 의도적인 관계, 즉, 세계 속의 존재를 다시 한 번 나타내지만, 이제 그 세계는 "기술로 짜여진 세계"(Ihde 1990, p. 163)로 이해된다. 이반 일리치(Illich 1996)는 이를 우리가 세상에서 생각하고, 거주하고, 행동하는 방식을 조용히 그리고 지속적으로 형성하는 포괄적인 기술적 포용의 공간인 "기술장(technosphere, le milieu technique)"이라고 부른다.

앨버트 보그만(Borgmann 1984)은 현대 기술이 벽난로와 같이 우리를 공동체로 엮어 줬던 "초점적 실천(focal practices)" 중 일부를 없애 버렸다고 지적한다. 예를 들어, 중앙난방이 도입된 이후, 가족들이 벽난로나 주방의 아궁이 주변에 모여들었던 사회적 실천은 점차 사라졌다. 보그만은 이러한 기술을 "기기(devices)"라고 부른다. 기기는 단순히 우리를 나무를 자르고 모으는 허드렛일에서 해방시킬 뿐만 아니라, 의미 있는 사회적 유대를 약화시키기도 한다. 배경적 관계는 이러한 맥락에서 기술과의 초점적 관계를 정의하는 상호작용적인 성격과 달리 "상호수동적(interpassive)"으로 설명할 수 있다. "단지 기계를 조정하거나 작동시켜 한 번 시작되면 기계는 스스로 작동한다." (Ihde 1979, p. 14). 티베트의 손기도 바퀴(hand prayer wheel)는 상호수동적 관계의 고전적 사례이다(Žižek 1998). 기도 바퀴는 경전 문구를 담고 있는 금속 원통으로 손잡이 주변으로 회전하는 식으로 구성되어 있다. 사용자가 기도 바퀴를 움직이면, 기도가 자동으로 이루어질 것이라고 믿는다. 따라서 상호수동성은 인간의 작업이나 책임을 기기에 내맡기는 것을 의미한다. 기기는 인간에게 책임이 있었던 행동이나 결정을 대신 수행하며 인간의 대리인 또는 대리자가 된다.

반 우넨(van Oenen 2011)은 상호수동성(interpassivity)을 해방 이후의 조건으로 설명하며, 상호작용성(interactivity)은 음지에서 발생한다고 주장하는데, 여기에서 객체는 "우리의 역할 일부를 대신 수행하여 행위자성을 획득"(p. 2)한다. 보그만의 논의를 행위자-네트워크 이론에 기반하며 성찰한 반 우넨은 점점 더 인간의 해방적 책임을 인간의 행동을 결정하고 지시하는 상호수동적 객체에게 전가하고 있다고 주장한다. 상호수동적 사물은 인간이 "외주화한" 상호작용성을 사전에 담고 있거나 "채워져"(van Oenen 2011, p. 15) 있다. 이러한 상황에서 행위자성은 표류한다. 예를 들어, 과거에 분필과 칠판, 펜과 노트, 책과 책상을 통해 제시되고 전달되었던 교사의 학문적 지식은 오늘날 교실에서 지역 학교의 경계를 넘어서 광범위하고 깊은 디지털 네트워크에 점점 더 분산되고 있다. 이러한 점에서 인터랙티브 화이트보드(IWB)는 교사를 대신하여 유튜브에서 바퀴와 지렛대에 대한 수업을 보여 주거나 인구 성장 시뮬레이션과 같은 작업을 수행하는 한 상호수동적이라고 기술될 수 있다.

간단한 예

아이디(Ihde 1990)의 인간-기술 관계 집합은 포괄적이지도 않고 상호 배타적이지도 않다. 비판적인 학자가 없는 것도 아니다. 브레이(Brey 2000)는 아이디의 분류 체계가 인간-기술 관계가 어떻게 구성되는지를 충분히 설명하지 못한다고 반박한다. 베이벡(Verbeek 2008)은 아이디가 "(인간/기술)→세계"와 같이 신체의 마이크로칩 이식이나 정신 약물을 통해 구성되는 "사이보그적 관계"와 같은 다른 중요한 인간-기술 관계를 간과했다고 주장한다. 그럼에도 불구하고, 아이디의 분류는 우리가 일상적으로 기술과 맺는 관계의 다양한 방식을 인식하게 하고, 기술의 중요성을 풀어내는 한 가지 접근법을 제공한다.

예를 들어, 1인칭 슈팅(FPS) 게임을 하는 청소년을 생각해 보자. 여기에는 여러 가지 인간-기술 관계가 필연적으로 포함된다. FPS 게임을 하기 위해서는 게이머가 FPS 게임과 **해석학적 관계**를 구축해야 한다. 이를 위해, 게임의 전문 용어, 규칙과 게임 메커니즘, 스토리라인과 지형을 익혀야 한다. "해석학적 관계는 감각적 지각을 모방하지만"(Ihde 1990, p. 85), 여기서 지각의 초점은 시청각 투영을 경유하여 게임 기술 자체에 의해 주어진다. 게임을 하는 동안 게이머는 투영된 FPS 게임 세계를 "읽을 줄 알아야" 하며, 그에 따라 행동하는 법도 배워야 한다. 컨트롤러를 조작하는 손과 손가락, 소리와 음성을 전달하는 헤드셋을 사용하는 동안, 게이머는 게임과 **체화적 관계**를 형성한다. 숙련된 게이머는 컨트롤러 버튼을 능숙하게 조작하며 게임 환경에서 아바타의 눈과 팔다리를 통해 원활하게 움직이고 행동한다. FPS 게임은 1인칭 시점의 경험을 시뮬레이션하므로, 게임을 하는 동안 청소년은 해당 시점을 자신의 것으로 받아들이게 된다. **타자적 관계**는 게이머가 특정 레벨에서 막혔을 때 형성될 수 있다. 하지만 게이머가 다른 플레이어나 아바타와 맺는 타자적 관계가 더욱 돋보인다. 다른 플레이어들이 같은 방에 있든 지구 반대편에 있든, 게이머는 플레이어를 컴퓨터로 생성된 자율적 아바타로, 즉 타자로 마주한다. 마지막으로, 두 가지 **배경적 관계**를 인식할 수 있다. 게임 중 플레이 환경은 당연시되는 배경, 즉, 새롭지만 초점이 되지 않는 기술로 만들어진 세계로 미끄러진다. 게이머는 자신의 행위 가능성을 화면 속의 아바타에게 넘기면서 상호수동적 또는 대리적 관계를 형성한다.

휴리스틱 6:
미디어의 법칙 적용하기

면담 질문

- 이 기술은 무엇을 증진시키는가? 사용할 때 인간의 어떤 능력이 확장, 증진, 증폭되는가?
- 이 기술은 무엇을 쇠퇴시키는가? 사용할 때 인간의 어떤 능력이 약화, 감소, 또는 단순히 잊혀지는가?
- 이 기술은 이전에 쇠퇴되었던 무엇을 회복시키는가?
- 이 기술은 극단적으로 사용되거나 보편화될 때 무엇으로 반전되는가?
- 이 기술이 작동하면서 어떤 "힘의 선(lines of force)"을 방출하는가?

자크 엘륄Jacques Ellul, 엘리자베스 에이젠슈타인Elizabeth Eisenstein, 해럴드 이니스Harold Innis, 마셜 맥루한Marshall McLuhan, 월터 옹Walter Ong, 닐 포스트먼Neil Postman 등의 사상에 뿌리를 두고 있는 미디어 생태학은 기술과 그것이 방출하는 "힘의 선"(McLuhan 1964, p. 15)을 사회와 문화를 창조하고 변화시키는 데 연관시킨다. 미디어 생태학자들에게 모든 기술은 미디어라 불리는 독특한 분위기를 내뿜는 배경 효과라는 새로운 환경을 조성한다.

> 모든 미디어는 우리를 완전히 지배한다. 개인적, 정치적, 경제적, 미학적, 심리적, 도덕적, 윤리적, 사회적으로 매우 광범위하게 영향을 미치기 때문에, 손대지 않거나, 영향을 받지 않거나, 변화하지 않는 곳이 없다. 미디어는 메시지다. 미디어가 환경으로 작동하는 방식을 이해하지 않고서는 사회적, 문화적 변화를 이해할 수 없다. (McLuhan & Fiore 1967, p. 26)

모든 미디어 또는 **체험된** 기술은 생태적으로 인식된다. 미디어는 인간의 지각, 행동, 이해를 팽창하거나 수축시키고, 감염시키거나 스며들며, 우리의 개인적, 사회적, 문화적, 정치적 삶에 광범위한 영향을 미치며 반향을 일으킬 수 있다.

여섯 번째 휴리스틱은 맥루한의 미디어 생태학의 통찰을 활용한다. 맥루한과 그의 아들 에릭 맥루한Eric McLuhan은 모든 기술은 네 가지 "미디어의 법칙"을 따른다고 제안했다. 특정 기술이 사회문화적 상황에 미치는 매개적 효과를 총체적으로 드러내기 위해 증진(enhancement), 쇠퇴(obsolescence), 회복(retrieval), 반전(reversal)이라는 법칙을 다음과 같이 질문의 형태로 제시하였다.

- 이 기술은 무엇을 증진시키나 강화하는가?
- 이 기술은 무엇을 쇠퇴시키거나 대체하는가?
- 이 기술은 이전에 쇠퇴되었던 무엇을 회복시키는가?
- 이 기술은 극단적으로 사용될 때, 무엇을 생성하거나 무엇이 되는가?

(McLuhan & McLuhan 1988, p. 7)

각 질문은 현재 상황과 특정 기술이 동원하는 매체적 환경 사이에서 나타나는 궤적과 긴장 관계를 가시화하는 것을 목표로 한다. 초점은 기술 자체의 형태가 아니라, 기술이 사용됨에 따라 조건화하고 매개하는 더 큰 환경적 배경에 맞춰져 있다.

> 어떤 기술이나 인공물의 토대는 그것을 발생시키는 상황과, 그것을 작동하게 만드는 서비스와 불편함(disservice)의 전반적인 환경 혹은 미디어 모두이다. 이러한 환경의 부수적 효과를 통해 새로운 문화의 형태가 자리 잡게 된다.
>
> (McLuhan & McLuhan 1988, p. 5)

위의 인용문에 따르면, 맥루한의 미디어의 법칙은 "여전히 진행 중인 상황, 새로운 인식을 재구조화하고 새로운 환경을 형성하는 동시에 오래된 인식과 환경 역시 재구조화하는 상황"(McLuhan & McLuhan 1988, p. 116)의 역동성에 초점을 두고 있다. 저자들은 기술의 궤적이나 힘의 흐름이 순차적이 아니라, **동시적**이고 **상호보완적**이라는 점을 시각적으로 표현하기 위해 미디어의 법칙을 테트라드(tetrad)로 제시했다. 맥루한은 미디어의 법칙을 고심하며 발표한 짧은 논문에서 테트라드를 간략히 설명한다.

> 이 글은 미디어의 법칙에 관한 연구다(이는 아마도 "미디어의 현상학"이라고 이름 붙여질 것이다). 각 기술에 대해 첫째, "무엇을 증진시키는가?", 둘째, "무엇을 쇠퇴시키는가?", 셋째, "이전에 쇠퇴되었던 무엇을 회복시키는가?", 마지막으로 "최대 잠재력으로 밀어붙일 때 무엇으로 반전되는가?"라는 질문을 던진다. 이는 돈이라는 가장 즉각적인 주제를 통해 쉽게 설명할 수 있다. 돈은 거래 속도를 증진시키며, 물물교환을 쇠퇴시키고, 포틀래치(potlatch) 같은 과시적 소비를 회복하며, 최대 한계에 이를 때 신용으로 전환된다.
>
> (McLuhan et al. 1978, p. 94)

맥루한의 "돈" 테트라드의 간단한 예시는 실천(예: 물물교환과 포틀래치 같은 과시적 소비), 실천의 속성 변화(예: 거래 속도), 그리고 다른 형태의 기술(예: 신용)로 구성된다. 미디어의 현상학으로서 이러한 법칙은, 모든 인간-기술-세계 관계는 증폭과 환원의 실존적 구조를 드러낸다는 아이디(1990)의 관찰을 포함한다. 특히, 테트라드는 네 가지 사분면 또는 법칙 사이의 긴장 관계를 나타내야 한다는 점이 중요하다.

단어의 함축적 의미가 맥락과 용법에 따라 달라지는 것처럼 미디어의 네 가지 법칙에 대한 답도 기술이 도입되는 사회적, 문화적 상황에 따라 달라질 수 있다. 세 번째 휴리스틱인 사물의 초대적 성질에 귀 기울이기처럼 맥루한은 모든 기술을 독특한 단어 또는 "발화"로 묘사하고자 했다.

> 인간의 모든 인공물은 실제로 하나의 단어와 같은 것이며, 경험을 한 형태에서 다른 형태로 번역하는 은유이다 … 그것이 그릇, 클럽, 포크, 숟가락, 도구, 장치, 엔진, 철도, 우주선, 라디오, 컴퓨터 등과 같이 물질적인 '하드웨어'의 성격을 지닌 사물이든, 과학 이론, 철학 체계, 의학적 치료법 혹은 질병, 회화, 시, 연극, 음악 등의 형식 또는 스타일 등과 같이 '소프트웨어'의 성격을 지닌 사물이든 상관없다. 이 모든 것은 인공물이자, … 언어적 구조로 이루어져 있다. **미디어의 법칙**은 이러한 단어들의 어원과 해설을 제공한다. 이러한 단어들이 구성하는 언어에는 문법이 없을 가능성이 크다. 따라서 익숙했던 예술과 과학, 사물과 생각, 물리학과 형이상학 사이의 구분은 해체된다.
>
> (McLuhan & McLuhan 1988, p. 3)

테트라드는 특정 기술의 음향적 또는 진동적 기반, 그리고 함축적이고 명시적인 의미로 이루어진 어원적 복합체를 드러내는 동시에 기존의 학문적 경계를 해체하려는 의도를 가진다. 새로운 단어가 만들어지는 것과 같이 기술의 매개 효과는 발명되는 순간부터 퍼져 나가기 시작한다. 맥루한 부자(McLuhan & McLuhan 1988)는 미디어의 법칙이 새로운 미디어, 특히 전자 혹은 디지털 기술이 필연적으로 만들어 내는 효과와 영향의 소용돌이 속에서 미래를 내다볼 수 있는 통찰력을 키우는 데 도움이 되기를 희망했다. 이러한 점에서, 미디어의 법칙은 오늘날 기술 사용자들의 비판적 인식을 벼려낼 수 있다.

증진

맥루한은 모든 기술이 우리의 신체 기능 또는 인지 능력 중 하나 이상을 확장하거나 증진한다고 보았다.

> **증진**이란 상황의 어떤 측면을 강화하거나, 감각이나 감각의 구성을 확장하거나, 배경의 요소를 형상으로 전환하거나, 이미 형상인 것을 더욱 강화하는 것을 의미한다. (McLuhan & McLuhan 1988)

증진은 인간의 능력이나 기능을 증폭, 번역, 강화, 또는 가속화하는 것을 의미할 수 있다. 실제로, 기술이 증진의 역할을 수행하지 못하면, 예를 들어 우리의 힘이나 속도를 증가시키지 못하면, "우리 자신의 새로운 확장은 일어나지 않고 결국 폐기될 것이다"(McLuhan 1964, p. 91). 전자 기술 시대의 맥락에서, 맥루한(McLuhan 1964)은 인간은 "이제 두개골 밖에 뇌를, 피부 밖에 신경을 착용하는 유기체"(p. 64)라며 도발적인 의견을 낸다.

미디어의 법칙 중 "이 기술은 무엇을 증진시키거나 강화하는가?"라는 질문은 가장 쉽게 답을 찾을 수 있다. 예를 들어, GPS 기술은 우리가 "여기"에서 지구상의 어느 곳으로 이동하든 그 경로를 탐색할 수 있는 능력을 증진시킨다. 휴대폰은 언제든지 연락이 닿을 수 있는 능력을 증진한다. 단일한 기능만 증진되는 경우는 드물지만, 이러한 분석 기법은 특정 기술이 사용자에게 **고유하게** 제공하는 기능에 초점을 맞출 때 가장 효과적으로 작동한다. 하먼(Harman 2009b)은 맥루한 부자의 테트라드에 대해 "'인간의 확장'은 절대 가볍게 여길 일이 아니다. 왜냐하면 다른 가능한 세계를 조용히 제거하기 때문이다"(p. 110)라고 말한다. 증진과 보완적인 미디어 법칙인 쇠퇴는 새로운 기술이 등장하며, 감소되거나 버려진, 혹은 제거된 실천이나 기술이 무엇인지 밝혀내고자 한다.

쇠퇴

모든 기술은 지각, 행동, 또는 인지 가능성을 증폭하거나 증진시키는 동시에, 다른 측면의 경험을 축소하거나 "쇠퇴"시킨다. 쇠퇴는 "어떤 경험의 영역이 고조되거나 강화되며 다른 영역은 약화되거나 마비될 때 수반되는 '폐쇄'"(McLuhan & McLuhan 1988, p. xx)로 설명된다. 예를 들어, 오큘러스 리프트(Oculus Rift)와 바이브(Vive) 같은 가상 현실 기술은 완전히 새로운 환경을 극적으로 지각할 수 있는 능력을 강화하지만, 동시에 주변 세계에 대한 감각을 잃게 만든다. 쇠퇴의 과정에서, "이전 상황은 대체되면서 무력화된다. 형상은 다시 배경으로 물러난다"(McLuhan & McLuhan 1988, p. 227). 이러한 미디어 생태학의 원리는 맥루한 부자의 테트라드에 내재되어 있으며, 새로운 기술이 등장할 때마다 발생하는 희망적인 유토피아 혹은 걱정스러운 디스토피아 주장을 설명하는 데 도움이 된다. 증진/쇠퇴의 비율은 기술에 대한 이분법적(either/or) 입장을 거부하는 포스트휴먼 관점을 담고 있다. 인간은 기술로 증강되기도 하고 동시에 약화되기도 한다. 이 두 가지 궤적은 모두 고려되어야 한다.

아이디는 기술에 대한 현상학적 분석을 통해 모든 인간-기술 관계의 경험적 구조에서 증폭과 축소가 변하지 않는 측면임을 발견했다.

> 매체의 **축소적 차원은** 증폭적 차원과 동시에 작용하며 … 일반적으로 긍정적으로 간주되는 **증폭적 차원과** 불가분의 관계에 있다 … 증폭-축소를 통해 매체는 중립적이지 않고, 인간 경험은 변형된다. 이는 모든 기술의 특징이기도 하다. (Ihde 1983, p. 56, 원문 강조)

예를 들어, 아이디는 치과의사가 끝이 뾰족한 작은 금속 막대인 스케일러 프로브(sickle probe)를 사용하는 과정을 설명하며, 이는 손가락만으로는 감지할 수 없는 치아의 미세한 불규칙성을 탐지하기 위한 도구라고 말한다.

> 스케일러 프로브가 치아 경험을 **확장하고 증폭**시키는 동시에, 또 다른 차원은 **축소**된다. 손가락으로는 치아의 따뜻함, 습기 등 프로브로는 전혀 느낄 수 없는 측면을 감지할 수 있었다. 프로브는 미세한 특징들에 관한 세밀한 변별력을 제공하는 동시에 손가락으로 느껴지던 다른 다양한 특징들을 "잊거나" 축소시킨다. (Ihde 1979, p. 21)

따라서 특정 기술이 무엇을 증진하는지 뿐만 아니라, 동시에 무엇을 축소, 감소, 또는 쇠퇴시키는지 질문하는 것도 중요하다. 또 다른 예로 교실에서의 계산기를 생각해 보자. 계산기는 무엇을 증폭하고 확장할까? 무엇을 축소하거나 쇠퇴시킬까? 계산기는 학생의 수학적 계산 능력을 증폭하고 확장한다. 학생은 더 이상 기본 덧셈 공식이나 구구단을 외우거나, 다양한 수학적 함수의 알고리즘을 기억하려 애쓸 필요가 없다. 계산기는 이러한 모든 사실과 방법을 "기억"하고 있다. 학생은 단지 수학 문제를 계산기에 정확히 전달하고 출력키를 누르기만 하면 된다. 학생은 긴 나눗셈 계산이나 복잡한 공식을 푸는 지루한 작업에 얽매이지 않고, 더 높은 수준의 이해로 나아갈 수 있게 된다.

하지만 동시에 덧셈 공식이나 구구단을 암기해야 하는 이전의 요구를 넘어서거나 벗어나고, 손으로 나눗셈과 같은 수학적 절차를 수행해야 하는 필요성이 줄어들면서, 특정한 수리 능력은 퇴화하기 시작한다. 이러한 기술을 연습하지 않으면 증진되거나 강화되기보다는 감소되거나 약화된다. 구구단은 서서히 잊혀지고, 믿을 만한 나눗셈 방법도 기억에서 사라진다. 물론, 교육자들은 이러한 능력이 이제 본질적으로 쓸모없다고 판단하고, 수리 능력과 같은 기본적 능력 대신 다른 능력을 키우는 데 집중할 수도 있다. 하지만 수리 능력이 여전히 중요한 기술이라고 생각한다면 교사는 계산기의 사용에 대해 보다 신중할 수밖에 없다.

GPS 예로 돌아가 보자. 이러한 기술로 사라지는 것은 무엇일까? 한때 도로 여행의 필수품이었던 접이식 지도는 더 이상 사용되지 않고, 지도책은 먼지가 쌓인 책장 위에서 잊혀진다. 지도가 제공하는 조감도와 지도를 통해 자신의 위치를 찾는 실천도 덜하게 된다. GPS를 사용하면 전반적인 위치는 포기하고 내 목적지에만 주의를 기울일 수 있다. GPS가 경로를 계산해 주므로 주어진 방향으로 따라가기만 하면 된다.

회복

회복은 이전에 사라지거나 쇠퇴되었던 실천이나 도구를 부활시키는 것을 의미한다. 부활된 기술은 현재 기술의 초기 형태로 과거에 존재했을 가능성이 있다. 맥루한 부자는 "회복은 테트라드에서 핵심 또는 지배적인 방식처럼 보이지만, 네 가지 중에서 가장 발견하기 어려운 경우가 많다"(1988, p. 228)라고 지적한다. 이러한 점에서 문화사에 대한 이해가 중요하며, 적어도 적합한 후보를 찾기 위해 고고학적 탐구를 시도할 필요가 있다.

> 회복은 단순히 과거의 것을 통째로 무대 위로 다시 끌어내는 것이 아니다. 새로운 맥락과 환경에 적합하도록 번역이나 변형이 필요하다. 말하자면, 과거의 것이 마치 최근 것처럼 나타난다. 발견이나 드러냄은 회복의 한 형태라고 할 수 있다. (McLuhan & McLuhan 1988, p. 101, 103)

맥루한 부자는 회복을 "이미 오랫동안 폐기되었던 것을 다시 사용되도록 하고, 과거의 위험했던 것이 이제는 안전하게 되며, 새로운 상황 속에서 배경이 형상이 되는 과정"(McLuhan & McLuhan 1988, p. 228)이라고 설명한다. GPS의 경우, 나침반을 통해 세상을 항해하던 과거의 탐험자를 부활시켰다. 나침반을 사용할 때에는 지도가 꼭 필요하지 않고 가야 할 방향만 있으면 된다. GPS와 마찬가지로, 나침반을 사용하는 여행자는 현재 자신의 위치를 알 필요가 없고, 목적지까지의 방향만 알면 된다.

반전

마지막 미디어의 법칙은 "모든 형태는 자신의 잠재력을 극한까지 밀어붙이면 그 특성이 반전된다"(McLuhan & McLuhan 1988, p. xx)라고 말한다. 반전을 이해하기 위해서는 극단적인 상황을 탐구하고, 고장이나 이상현상을 탐색하는 것이 필요하다. 예를 들어, 아담스(Adams 2006)는 콜롬비아 우주왕복선 사고 조사 위원회의 발견 중 하나를 인용하며 파워포인트의 반전 현상 하나를 분석했다. 위원회는 나사(NASA)에서 만연했던 파워포인트 사용을 우주왕복선 참사의 요인 중 하나로 지목했다. 엔지니어들은 경영진인 의사결정자들에게 중요한 정보를 전달할 때 파워포인트를 사용했다. 그러나 파워포인트 슬라이드쇼는 복잡한 정보를 여러 슬라이드에 걸쳐 나누고, 중첩된 글머리 기호를 통해 계층적으로 표현했다. 이 과정에서 가장 중요한 정보는 여러 계층 아래로 묻혀 버렸고, 그 결과 그 중요성과 의미는 제대로 전달되지 못했다. 파워포인트에서 글머리 기호는 중요성을 나타내는 도구로 간주되지만 모든 것이 글머리 기호로 나열되면, 정작 중요한 것은 글머리 기호로 뒤덮인 정보의 바다 속에서 사라질 수 있다.

맥루한 부자(McLuhan & McLuhan 1988)는 "테트라드의 반전 측면은 정보 이론의 격언으로 간결하게 예증될 수 있다. 데이터 과부하는 곧 패턴 인식이다"(p. 107)라고 지적한다. 기술의 반전을 발견하기 위해서는 기술이 만들어 내는 전체적인 패턴을 파악해야 한다. 보그만(Borgmann 1984)은 "기술의 위험은 특정한 발현에서 오는 것이 아니라, 패턴의 만연성과 일관성에 있다"(p. 208)라고 설명한다. GPS의 사례를 생각해 보면, 운전자가 GPS 지시에 지나치게 의존하여 당시 지상 상황과 너무나 맞지 않는 안내를 따라야 했던 재미있는 이야기나, 때로는 비극적인 사건까지 떠올릴 수 있다. 완전히 낯선 땅에서 GPS가 고장 났을 때 발생할 수 있는 상황도 생각해 볼 수 있다. 오지에 갇힌 인간이 기껏해야 외치는 "나 여기에 있소"는 아무런 의미가 없다. GPS는 결국 우리를 완전히 길을 잃은 상태로 반전시킨다.

테트라드

분석을 바탕으로 GPS에 대한 그림 3.1과 같은 테트라드를 그릴 수 있다. 맥루한 부자(McLuhan & McLuhan 1988)는 그들의 저서 《미디어의 법칙》에서 여러 사례들의 테트라드를 제시하고 있다. 연구자가 미디어의 법칙을 적용할 때, 이러한 사례들과 다른 예들을 살펴보는 것은 도움이 될 수 있다. 중요한 점은 테트라드 그 자체가 가지는 목적이 아니라, 발견과 분석의 과정이다. 모든 기술이 고유한 매개적 환경을 창조하며, 테트라드는 그러한 기술 중심의 발화를 묘사하고자 한다. "테트라드는 신화적인 것이 아니라 각 인공물의 로고스 구조를 보여 주며, 네 가지 '부분'들은 은유 혹은 단어로 제공하는 네 가지 수준의 주석이다"(McLuhan & McLuhan 1988, p. 128).

여섯 번째 휴리스틱은 테트라드를 만들며 도출된 통찰을 신중히 재구성하는 것을 포함한다. 예를 들어, 다음은 테트라드에서 발견된 긴장적

이해를 통합하여 GPS 사용에 대한 현상학적 성찰을 제시한 것이다. 여기서 주요한 초점은 반전에 맞춰져 있다.

> GPS를 사용해 새로운 도시를 여행하면서 나는 도시의 장소들을 스쳐 지나간다. 도시의 "어디(where)"는 잊혀진다. 나중에는 도시의 윤곽이나 랜드마크조차 거의 기억하지 못한다. 대신 기술적으로 가공된 풍경을 지나가고, 디지털 층으로 덧씌워지고 재구성된 도시를 통과한다. 세계는 나에게 최종 목적지로 가는 단순한 방향과 거리로 주어진다. 보다 정확히 말하자면, 나는 GPS에 나를 완전히 맡기지 않는다. 대신 내 주변 환경을 GPS가 제공하는 방향과 일치시키고 확인하는 데 몰두한다. 나는 도시에 거주하지 않고, GPS의 날개를 타고 날아가듯 도시를 경험하며, 도시를 지도화되고 디지털화된 버전으로 이해한다. 장소가 가지는 "감동과 충만함" (Casey 2013, p. 342)은 느끼지 못하고 멀어져만 간다. 물론 나는 내가 가고자 했던 곳에 비교적 빠르게 도착한다! GPS를 사용하면 나는 길을 잃지도, 방향을 잃지도 않는다. GPS로 방향은 잡지만, 이상하게도 내가 있는 지역에 대한 방향 감각을 상실한다. 나는 내 환경을 디지털에 맡기고 길 찾기를 신뢰하게 된다. 만약 어떤 이유로든 GPS가 작동하지 않거나 올바른 방향을 제시하지 않는다면, 나는 갑자기 **메디아스 레스(medias res)** 즉, 사건 한가운데 던져진다. 메디아스 레스에서 GPS가 매개한 마법 같은 세계는 갑자기 사라지고, 나는 마치 꿈에서 깨어난 듯 완전히 방향을 잃고 당혹스러운 상황에 놓일지도 모른다. 여기서 우리는 디지털이 우리에게 길을 제시하는 것에 대해 위험할 정도로 보내는 맹목적인 신뢰를 목격하게 된다. GPS의 매혹에 빠진 가운데, 장소에 대한 우리의 기반 감각, 가령, 집에 대한 친숙한 가까움이나 낯설고 이국적인 곳에 대한 신비로운 거리감은 천천히 사라지고, "당신은 여기에 있다"라는 위치성에 대한 획일적 거리감으로 조용히 대체되는 모습을 볼 수 있다.
>
> (Adams 2017)

증진	반전
“여기”에서 어떤 곳으로든 여행할 수 있음.	나는 어디? (“여긴” 어디?) 방향을 잃음.
나침반을 사용하는 탐험가처럼 길을 찾음.	접이식 여행 지도, 조감도, 길 묻기의 사라짐.
회복	쇠퇴

GPS의 테트라드

맥루한 부자의 네 가지 법칙은 “설명하고자 하는 모든 인공물을 분석하는 데 강력한 도구로 작용한다”(Harman 2009b, p. 116). 그럼에도 불구하고 하먼(Harman 2009b)은 맥루한 부자의 존재론이 “테트라드와 그 형상/배경 관계를 인간 지각의 영역으로 제한한다”(pp. 119-120)며, 이로 인해 무생물로 확장할 가능성을 놓치고 있다고 비판한다. 실제로, 맥루한의 미디어의 법칙에서는 인간-기술 관계가 기본 분석 단위로 설정된다. 테트라드는 항상 특정 인간-비인간 하이브리드, 즉, 확장되거나 “살아있는 기술”이 세계에서 어떻게 동원되는지, 그리고 그것의 몸짓적 표현과 매체적 울림을 설명하려는 목적을 갖고 있다. 이러한 의미에서, 미디어의 법칙을 통해 개별 기술들의 어원적 뿌리, 발음, 명시적 “사용법”과 독특한 암시적 혹은 연관된 의미를 기록하는 유용한 사전을 만들 수 있다. 하지만 다른 비인간들 간의 복잡한 상호작용은 이러한 단일한 어휘집을 완성하는 데 순간적으로 배제될 수밖에 없다. 현지 “단어” 사용 맥락에서 발생하는 다양한 연결과 분리를 탐구하기 위해서는 일곱 번 째 휴리스틱인 번역 풀어내기와 여덟번째 휴리스틱인 응답과 경로 추적하기가 도움이 될 수 있다.

휴리스틱 7:
번역 풀어내기

면담 질문

- 특정 모임은 어떻게 형성되었으며, 어떻게 서로와의 연결을 유지하는가? 행위자가 연결되고 연결 상태를 유지하거나 분리될 때, 무슨 일이 일어나고 있는가? 어떤 종류의 질서화(ordering)와 재질서화(reordering)가 분별되는가?
- 특정 미시적 실천이 안정화되었다면, 그 안정성은 어떻게 나타났는가? 미시적 실천이 변화 상태에 있다면, 해당 상태를 유지하는 것은 무엇인가? 무엇이 빠져나가고, 무엇이 넘쳐흐르는가? 논쟁이나 불일치는 어디에서 발생하는가?
- **부수적 현실**(Law 2011): 일상적인 실천이 펼쳐지면서 어떤 의도치 않은 현실이 생겨나는가? 실천과 실천이 만들어 내는 현실 사이의 간극에 대해 무엇을 분별할 수 있는가?
- **다층적 어셈블라지**(Mol 2002): 서로 다른 사회물질적 세계는 어떻게 존재하게 되는가? 어떠한 객체나 실천이 서로 다른 세계와 연결되거나 멀어지는가? 이러한 행위들은 어떻게 실천에 참여하거나 방해하는가?
- **정치**: 무엇이 고착화되는가? 누구-무엇이 배제되는가? 누구-무엇이 존재하게 되는가? 누구-무엇이 부재하는가? 침입자가 있는가? 다른 행위자보다 강력하거나 설득력 있는 행위자가 있는가? 있다면, 이는 어떻게 일어나는가?

두 번째 휴리스틱인 행위자 따라가기에서는 행위자를 따라가고 실천을 풀어내는 데 초점을 맞췄다. 즉, 특정 인간, 객체, 생각, 담론, 사건이 어떻게 특정한 실천 안에서 결합되고 작동하는지에 주목하였다. 예를 들어, 휴대폰은 버스, PDF 문서, 문자 메시지, 가까운 인간과 먼 인간, 다양한 화면, 알림, 무선 연결과 어떻게 얽히며, 이러한 병치에서 어떠한 일-학습 실천이 나타나는지를 살펴보았다. 행위자 따라가기는 무엇이 무엇과 어떻게 "연관되는"지에 대해 묻는다. 예를 들어, 휴대폰의 메모 앱은 순간적으로 아이디어를 생성하는 실천과 어떻게 연결될까? 심카드의 잔액이 없는 경우와 같이 모바일 기기가 움직이지 못하게 되거나 다른 행위자를 움직이지 못하게 만드는 방식은 무엇인가? 객체를 둘러싼 사회성과 물질성을 추적하면, 인간과 비인간 행위자의 결합이 어떻게 이루어졌는지, 행위자들이 상호작용하면서 무슨 일이 일어나고 있는지를 엿볼 수 있다. 연구자는 행위자를 따라가면서 수행되고 있는 다양한 실천들을 보게 된다. 이러한 행위들은 단순히 현시점에만 일어나는 것이 아니다. 라투르(Latour 2005)는 모든 행위자-네트워크는 다른 시공간에 존재하는 행위자들을 포함하는 다층적 관계의 미로라고 제안한다. 이러한 시간적 감수성은 현재 수행되고 있는 실천이 과거의 행위와 미래의 상상을 모두 불러일으키며, 이전에 일어난 것과 앞으로 펼쳐질 것을 번역할 수 있음을 시사한다.

2장에서 논의한 휴리스틱들은 객체에 주목하고 사물에 조율하면서 실천의 다양한 물질성과 관심 있는 객체를 표면화할 수 있음을 강조한다. 일곱 번째 휴리스틱은 행위자-네트워크 이론의 번역 개념을 바탕으로 행위자들의 복잡한 조합을 풀어 보고자 "행위자들의 집합은 어떻게 형성되었는가?", "어셈블라지를 조합하는 데 어떠한 뒤틀림이나 초대가 도움을 주었는가?"와 같은 질문을 던진다. 이때, 현재 구성된 행위자 집합에 대해 다음과 같이 조금 더 정치적인 질문을 던질 기회가 생긴다. 어떤 행위자와 실천이 고착화되었는가? 누구-무엇이 존재 혹은 부재하게 되었는가? 무엇이 침투하거나 이탈하는가? 다른 행위자보다 강력하거나 설득력 있는 행위자가 있는가? 만약 그렇다면, 그것은 어떻게 가능하게 되었으며, 그 행위자는 다른 행위자를 어떻게 등록시키는가? 번역 풀어내기를 통해 비판적 연구자는 다층적 어셈블라지 혹은 현실이 어떻게 작동하고 있는지, 묘사된 실천이 어떻게 다르게 조합될 수 있지를 살펴볼 수 있다.

번역은 존재들이 서로 마주하고, 변형시키며, 연결되거나 분리되는 과정을 통해 이루어진다. 번역은 ANT의 핵심 개념으로 연구자가 행위자들이 어떻게 상호작용하고, 실천 내에서 행위자들의 집합이 자발적으로든, 강압적으로든 혹은 무의식적으로 어떻게 조합되는지 조사하는 데 도움을 줄 수 있다. 초기 연구에서 칼롱(Callon 1986)은 "번역의 사회학"을 "권력 연구에 대한 새로운 접근 방식"(p. 196)으로 언급하기도 했다. 번역은 어떤 행위자가 다른 행위자를 통제하는 매커니즘이자, 행위자들이 "정의되고, 연결되며, 동시에 자신들의 동맹에 충실하도록 강제되는 방식"(p. 224), 그리고 소수의 행위자가 다른 행위자들을 대변하게 되는 방식이다.

앞서 언급한 모바일 기술 연구에서 수집된 자료를 살펴보면, 일상적인 일-학습 실천에서 모바일 기기의 필수 불가결성은 분명하게 드러난다. 실천가들은 복수의 어셈블라지 속에서 복수의 모바일 기기와 얽혀 있으며, 어셈블라지들은 겹치기도 하고 충돌하기도 한다(Thompson forthcoming). 이러한 어셈블라지는 어떻게 형성되었으며, 이를 유지하기 위해 어떤 작업이 이루어지고 있는지를 우선 물을 수 있다. 한 가지 시작점은 모바일 기기 시장이 엔터테인먼트, 커뮤니케이션, 교육, 개인 관리 및 보안 등을 제공하는 수십억 달러 규모의 산업을 어떻게 대표하고 있고(Wilson 2014), 새로운 사회적, 지리적, 경제적, 정치적 이동성에 대한 상상과 어떻게 연관되는지에 주목하는 것이다(Wilson 2014). 상업적 행위자들은 연결은 계속되어야 한다는 만연한 수사학과 모바일 없이는 존재할 수 없다는 느낌을 널리 퍼뜨리기 위해 노력한다(Wilson 2014). 이러한 메시지를 통해 이동성은 타인 및 생각과의 연결을 필요로 한다는 적절한 흐름을 만들어 내며 자리매김한다.

번역 휴리스틱을 활용하면, 연결성 흐름이 **어떻게** 만들어지는지 조사할 수 있다. 예를 들어, 기록, 저장, 회상 기능을 제공하는 노트 작성 앱이나 매우 적절한 찰나에 가능하게 된 인터넷 접속을 통해 모바일 기기가 다른 행위자와 어떻게 연결되는지 살펴보자. 모바일 기기와 관련된 행위자들의 배치를 통해, 케냐의 ICT 컨설턴트인 마코리는 "따끈한 아이디어"를 노트북에서 발전시키기 전에 잊지 않고 작업할 수 있다. 마코리가 항상 가지고 다니는 휴대폰은 "순간순간" 떠오르는 생각에 대해 초대를 할 뿐만 아니라, 나중에 이러한 생각을 회상할 수 있도록 하는 능력도 제공한다. 여기서 모바일 기기는 적절한 때와 장소에서 다른 디지털 객체와의 상호작용을 단순화하여 사고 과정의 추진력을 높여 준다(Thompson forthcoming).

이러한 실천의 변화는 일-학습을 효과적이고, 쉬우며, 편리하게 만드는 번역의 한 형태이다. 일곱 번째 휴리스틱을 통해 비판적 연구자는 이러한 변화에서 나타나는 질서화와 재질서화도 분석할 수 있다. 인간 행위자는 특정한 방식으로 모바일 기기와 동일시되고, 특정한 행동에 참여하도록 초대된다. 예를 들어, 르완다 모바일 애플리케이션 스타트업 회사 CEO인 클레어는 모바일 기기가 자신의 삶을 단순화했다고 말한다. "회사를 시작했을 때만 해도 회의에 필요한 모든 정보를 가지고 있기 위해서 항상 배낭에 컴퓨터를 넣고 다녀야 했어요. 이제는 아이패드와 휴대폰만 들고 다니면 됩니다." 부피 큰 노트북을 가지고 다니면서 좁은 버스에 꼼짝달싹 못하는 대신, 모바일 기기만 있으면 가볍게 이동할 수 있다. 이러한 시나리오에 따르면, 휴대가 간편하면서도 성능이 강력한 태블릿 컴퓨터의 초대를 쉽게 받아들일 수 있다. 이러한 사례를 통해 연결성과 편의성에 대한 일상적 기대가 어떻게 변할 수 있는지를 엿볼 수 있다. 번역의 작업은 특정 활동이 두드러지는 과정에서 명확히 드러난다.

이 연구에서 많은 모바일 기기들 혹은 디지털 수행원들은 "힘의 단위"(Callon 1986, p. 216)로 작동하는 것처럼 보인다. 행위자들의 묶임(bundling)은 번역의 또 다른 차원이다. 예를 들어, 모바일 핫스팟, 전자책, 블루투스, 서버 팜, 키보드, 배터리 등이 행위자들을 하나로 묶어 주는 관계망으로 조합된다. 그러나 이동성의 관계망에서도 비이동성은 넘쳐 나고, 사물들은 이탈하기도 한다. 어셈블라지는 생각만큼 촘촘하게 짜여져 있지 않다. 예를 들어, 고장 난 무선 카드는 사용자를 특정 장소에 묶어 두며, 보안 문제 때문에 휴대폰을 가지고 다니지 않고 집에 두기도 한다. 와이파이나 심카드 잔액이 없으면, 클레어의 표현대로, "이동 중에 모바일 기기는 아무런 쓸모가 없는 것"으로 여겨진다. 칼롱(Callon 1986)은 이러한 관계적 단절을 "불일치(dissidence), 즉, 배반(betrayals)과 논쟁(controversies)"(p. 219)으로 설명한다.

배반에도 불구하고 모바일 기기 사용이 임계치에 도달하지 않는 이상 실천은 계속 유지된다. 모바일 기기용 어플리케이션이 다양해지면서, m-러닝, m-리테일링, m-거버넌스 등과 같이 많은 서비스가 "m-화(m-ing)"됨에 따라, 모바일 기기를 일-학습 실천의 전면 혹은 중심에 두려는 움직임이 나타나고 있다. 노트북, 태블릿, 휴대폰, 패블릿 등 화면 크기가 어지러울 정도로 다양해지면서 적절한 형태를 찾기도 쉽지 않다. 이 모든 것이 번역 작업의 일부이다. 본 연구에서 기술된 것처럼 일-학습 실천에서 모바일 기기가 필수 불가결해진 것은 수많은 번역의 결과다. 비판적 연구자는 번역을 풀어내면서 실천에서 물질적 변화가 어떻게 사물이 행한 방식을 받아들이게 되었는지, 특정 실천이 어떻게 지금과 같이 안정화되었는지, 미래에 대한 상상력은 억제되었는지, 혹은 그렇지 않은지를 이해하기 시작한다.

안정성은 환영에 불과한 경우가 많다. 행위자들을 일관되게 묶으려면 일정 부분 경쟁적인 실천이 자리 잡으려는 시도를 저지하면서 형태를 유지하려는 노력이 필요하다. 이제 면담 질문은 가장 강력한 행위자에 초점을 맞춰야 한다. 본 연구에서 강력한 행위자는 일련의 특정한 기능과 부속품을 가지고 있고, 사용하기 편하며, 다른 행위자와 잘 어울리고, 가장 중요하게는 필요할 때 정확히 손에 닿는 디지털 기기이다. 예를 들어, 클레어의 아이패드는 파워포인트 슬라이드, 팟캐스트, 전자책, 메모 작성 앱, 와이파이 네트워크와 연동되어 어디서나 작동한다. 태블릿은 디지털이든 아니든 다른 행위자를 등록하거나 등록되게끔 할 수 있는 능력 때문에 강력한 행위자이다(Thompson forthcoming). 클레어의 아이패드는 아이팟과 전자책 리더를 대체하고, 노트북과 휴대폰이 수행했던 작업 일부를 대신하면서 강력한 행위자가 된다.

칼롱(Callon 1986)은 "번역은 대체(displacement)하는 것이다"(p. 223)라고 말하지만, 번역은 재조립이기도 하다. 번역은 행위자-네트워크의 행위자, 관계, 효과를 변화시키고 방해하는 대체와 변형에 맞서, 행위자들을 통합하는 지속적인 협상을 묘사한다(Callon 1986). 번역이라는 개념을 사용하면 단순히 행위자를 따라가는 것에서 벗어나, 특정 실천의 안무, 즉 이러한 실천이 어떻게 형성되었는지, 무엇이 존재하고 부재하는지, 어떻게 유지되는지, 미래에 무엇이 될 수 있는지, 가장 강력한 행위자가 누구-무엇인지, 강력한 행위자가 맺은 동맹은 무엇인지 등에 대한 질문을 할 수 있다.

토비아스 뢸(Röhl 2015)의 연구는 객체가 어떻게 변형 혹은 일련의 대체 과정을 통해 번역되는지 보여 주는 사례로 기하학 수업에서 사용되는 기하학적 프리즘과 모형 비행기와 같은 객체를 추적하였다. 뢸은 이러한 객체를 교육용 목적으로 사용되는 교육적 인공물(didactic artifacts)(p. 152)이라고 지칭하며, 교육적 인공물이 한 장소에서 다른 장소로 단순히 이동하여 학교에서 마법처럼 교육적 역할을 수행하는 것이 아니라고 주장한다. 공장에서 교실로 이동하는 과정에서, 이 객체는 여러 중간 지점에서 다양한 행위자들의 노력에 의해 변형된다. 뢸(Röhl 2015)은 해당 객체가 제조업체에서 출발하여 상업적 마케팅 장소를 거쳐 학교 창고로 들어가서, 결국 교실에서 사용되기까지의 과정을 추적하였다. 이 과정에서 객체는 각 단계마다 변형을 거듭한다. 설계 단계에서는 공학적 문제로, 마케팅 단계에서는 팔릴 만한 경제적 상품으로, 학교 창고에서는 교육과정에 따라 주문된 수집품의 일부로 위치지어진다. 최종적으로 교실에 도입되었을 때 비로소 학문적 지식을 구현한 교육적 객체로 자리잡는다(p. 156). 중요한 점은 이러한 번역이 뢸(Röhl 2015)이 교육적 실천의 **횡단상황적**(transsituative) 관점이라고 부르는 것, 즉, "다양한 장소에서 수행되지만 매개하는 물질적 객체를 통해 서로 연결된 실천의 집합"(p. 143)을 강조하는 방식이다. 물질적 객체를 추적하면서 뢸(Röhl 2015)은 여러 장소와 행위자에게 분산된 작업, 즉 프리즘과 모형 비행기를 교실에서 사용하기에 적합한 객체로 변환하는 데 필요한 작업을 가시화할 수 있었다.

초기 ANT 연구에서 칼롱(Callon 1986)은 번역이 문제제기(problematisation), 흥미유발(interessement), 등록(enrolment), 동원(mobilisation)이라는 네 가지 "순간(moment)"을 통해 이루어진다고 제안하였다. 이 틀은 해밀턴(Hamilton 2011)의 교육정책 개혁 계획에 대한 연구와 주카스와 킬민스터(Zukas & Kilminster 2014)의 저경력 의사의 업무 전환 과정에서 실천된 학습에 관한 연구를 포함하여 다수의 통찰력있는 ANT 분석에 사용되었다.

칼롱(Callon 1986)은 네 가지 순간이 완전히 구분되는 것은 아니며, 네 가지 순간을 오가는 것이 성공적인 분석을 하는 데 필요하다고 인정한다. 칼롱의 작업은 풍부한 분석틀을 제공하지만, 네 가지 순간이라는 틀을 엄격히 따르지 않으면서도 번역이라는 개념을 활용할 수 있다. 네 가지 순간은 여전히 실천을 풀어내는 데 도움이 될 수 있지만, 최근 연구에서는 위계, 권력, 정치, 이탈하거나 배제된 사물과 같은 문제적 개념에 주목하면서 실천의 안정성과 유동성을 둘러싼 복잡한 문제를 탐색하기 위해 번역의 개념을 채택한다.

일곱 번째 휴리스틱은 번역을 다각적으로 접근하기 위해 로(Law 2011)의 "부수적 현실", 다층적인 사회물질적 세계, 어셈블라지의 정치와 같은 다양한 개념을 활용한다. 면담 질문은 질문 목록을 순차적으로 따르는 것이 아니라서, 하나의 질문을 물으면 다른 질문으로 이어질 가능성이 높다. 예를 들어, 특정 실천 내에서 사회적, 물질적 관계가 어떻게 변화하는지에 초점을 맞췄더라도, 실제로 드러나는 것은 관심 있는 행위들 사이에 여러 가지 네트워크가 존재한다는 점이다. 아네마리 몰(Mol 2010)이 살펴본 바와 같이 대부분의 ANT 연구자들은 단지 하나의 네트워크를 풀어내기보다는 공존하는 네트워크 간의 긴장 상태에 주목한다(p. 260). 행위자 어셈블라지 하나를 분석하다 보면, 다층적인 어셈블라지와 현실의 존재가 명확해진다. 이때 특정 객체 혹은 실천이 다른 세계와 연결되거나 분리하는 데 어떠한 행위를 하는지, 이러한 작업이 실천을 어떻게 연결시키고 방해하는지 이해하기 위한 질문을 던질 수 있다.

펜윅(Fenwick 2014a)은 전문가 혹은 준전문가 업무에서 다양한 지식 형태를 연구하면서, ANT 휴리스틱을 활용하여, 구급대원, 경찰, 병원 원무과 직원, 정신과 간호사, 상담사 등 다양한 실천가들이 참여한 응급 정신 건강 관리 상황에서 지식이 어떻게 순환하는지 추적하였다. 연구의 초점은 특정 대상 자체가 번역되는 방식에 있지 않았다. 대신, 구급대원, 경찰, 병원이라는 서로 다른 사회물질적 세계 사이에서 사물, 실천, 인간이 매끄럽게 이동하지 않는 방식을 탐구하였다. 이 과정에서 서로 얽힌 여러 개의 네트워크에 관한 생생한 그림이 나타났다.

> 구급대원과 경찰의 장비는 서로 다른 목적과 실천에 따라 조직된 두 개의 세계를 분명히 구분한다. 구급차는 임상 진단과 의료 처치에 초점을 맞춘 의료 장비, 검사 기기, 들것 등으로 구성되어 있는 반면, 경찰 차량은 범죄 대응과 공공 안전을 위해 깜박이는 경광등과 사이렌, 수갑, 음주 측정기가 장착되어 있다. 이와 대조적으로 병원의 물질적 실천은 질서를 부여하며, 상황을 통제한다. 상황을 분류하는 책임 간호사, 대기실, 커튼으로 구획된 치료실, 표준화된 검사 프로토콜 및 진단 언어 등이 이러한 역할을 수행한다.
>
> (Fenwick 2014a, p. 276)

구급대원이 얽혀 있는 다양한 사회물질적 세계 간의 움직임을 추적하는 과정에서, 번역 시도가 실패한 몇 가지 눈에 띄는 사례도 나타났다. 이는 특정 객체와 실천이 다른 행위자를 등록시키지 못하거나, 다른 행위자에 의해 등록되지 못하는 경우이다. 펜윅(Fenwick 2014a)의 분석은 물질적 세계에서 생성된 객체들이 서로 다른 영향을 미친다는 점을 강조한다. 예를 들어, 구급대원의 보고서는 병원으로 인계되는 과정에서 대체로 읽히지 않아 주변화되었다. 그 결과, "병원 이전(prehospital)"에 일어났던 지식의 풍부한 순환은 병원 접수처에서 멈추곤 했다. 펜윅은 검사 양식, 인계 프로토콜, 직원의 정신과적 지식과 어휘, 환자 이력 등 병원 어셈블라지 내에서 순환하는 지식들은 병원의 자체적인 물질적 경계 안에 갇혀 있는 것으로 보인다고 결론짓는다(p. 277).

번역을 연구하는 또 다른 접근법은 로(Law 2011)가 제시한 부수적 현실이다. 이는 일상적인 실천을 통해 우발적으로, 보통은 의도치 않게 생성되는 현실을 지칭한다. 로(Law 2011)는 "실천과 그것이 만들어 내는 현실 사이의 간극, 모순, 긴장을 살펴봄으로써"(p. 171) 차이점을 발견할 수 있다고 주장한다. 이와 관련하여 "일상적인 실천이 전개되는 과정에서 부수적으로 생성되는 현실은 무엇인가?", "실천과 그것이 만들어 내는 현실 사이에서 어떠한 간극이 분별될 수 있는가?"와 같은 분석적 질문을 할 수 있다.

톰슨(Thompson forthcoming)의 이동성 연구에서 드러난 부수적 현실 중 하나는 모바일 기기들 사이의 혼돈, 모순, 혼란 속에서 방향을 잃지 않기 위해 필요한 작업들이었다. 상당한 에너지가 백업 처리하기, 각 기기에 어떤 정보를 저장할지 결정하기, 기기 간 적절한 중복성을 유지하기, 새로운 기술을 사용하는 방법 익히기, 한 기기가 다른 기기와 어떻게 "소통"할지 조율하기와 같은 실질적인 문제를 해결하는 데 사용되었다. 이러한 조율과 협상의 실천은 대체로 보이지 않고 일상적인 일로 여겨졌다. 이러한 작업들은 눈에 띄지 않고 특별히 주목받지 못했으며, 해야만 하는 일로 간주되고, 온라인에서 일하고, 배우고, 놀고, 생활하는 것에 수반되는 추가 작업으로 여겨졌다.

따라서 휴리스틱에서 제기하는 면담 질문인 "다양한 어셈블라지에서 누구-무엇이 나타나고 누구-무엇이 배제되는가?", "강력한 행위자들은 어떻게 작동하는가?"는 정치적 함의를 갖는다. 휴리스틱이 가진 명백히 정치적인 성격을 활용하면, 실천, 행위자, 능력, 긴장을 가시화하여, 해당 어셈블라지의 정치에 대해 비판적으로 질문할 수 있다. 사회물질적 관계가 실천을 매끄럽게 하거나 복잡하게 만드는 방식을 비판적으로 탐구하면, 라투르(Latour 2005)의 "관심물"을 열어 둘 수 있다. 관계의 물질적 본성을 드러내면, 그것들에 대해 더 깊이 조사할 수 있다. 몰(Mol 1999)은 "존재론적 정치(ontological politics)"라는 용어를 사용하여, "가능성의 조건은 주어진 것이 아니다"(p. 75)라고 주장하며, 다양한 수행들이 실천되면서 지속해서 능동적으로 형성되는 것을 강조하는 정치에 주목한다. 로(Law 2009)는 실천은 현실을 수행하거나 창조하는 관계의 어셈블라지라고 주장한다. 현실은 특정한 방식으로 수행되기 때문에, 존재론적 정치의 함의는 현실은 다르게 조합될 수도 있다는 것이다.

휴리스틱 8:
응답과 경로 추적하기

면담 질문

- **상호 응답(Co-responding)**: 인간 행위자는 주변에서 일어나는 일에 상호 응답으로 어떻게 주변 사물과 연결되는가? (Ingold 2012b)
- **즉흥적인 경로 만들기(Improvising Passages)**: 개체는 다른 인간 혹은 물질 객체의 길을 따라 자신의 길을 엮어 갈 때 어떤 즉흥적인 경로를 만들어 내는가? (Ingold 2012a)
- **그물망 만들기(Meshworking)**: 어떠한 움직임의 선(line)이 보이는가? 어떤 종류의 매듭 짓기 혹은 인간-기술 에너지의 일시적인 결합이 일어나는가? 움직임의 선 혹은 되기의 방향이 어떻게 바뀌고 있는가? 매듭은 언제 느슨해지거나 단단해지는가? (Ingold 2012a)

포스트휴먼 학문은 실천의 수행에서 인간과 비인간의 분리 불가능성과 객체의 유동성을 강조한다. 잉골드(Ingold 2012b)는 실천가가 단순히 재료와 상호작용하는 것이 아니라, 그들과 함께 상호 응답한다고 설명한다. "제작 행위에서 장인은 자신의 삶 자체인 움직임과 제스처를 재료의 되기와 결합시켜, 재료와 연결되고, 재료의 힘과 흐름을 따라가며 자신의 작업을 완성한다"(p. 435)라고 말한다. 자료 분석에서 여덟 번째 휴리스틱의 면담 질문은 인간 행위자와 사물이 상호 응답하며 어떻게 결합되는지를 조사한다.

톰슨(Thompson forthcoming)의 이동성 연구에서 재료와 상호 응답하기는 실천가가 학습과 일의 움직임을 모바일 기기의 힘과 흐름에 결합하는 방식에서 잘 드러난다. 예를 들어, 컨설턴트인 마코리는 휴대폰과 상호 응답하면서 자신의 아이디어를 항상 가까이에 둘 수 있었다. 휴대폰이 그와 함께 어디든 갈 수 있었기에 마코리는 작업을 수행하는 데 필요한 다양한 앱을 다운로드할 수 있으며, 사무실의 경계를 벗어나 일할 수 있는 자유가 생겼다. 특정한 작업 실천이 되는 것은 다름 아닌 이러한 활동을 통해서이다. 하지만 실천만 **되는 것이** 아니다. 물질적 사물도 이러한 움직임과 제스처를 통해 된다. 마코리의 휴대폰은 이러한 활동 덕분에 모바일 기기**가 되지만**, 이는 보장되거나 안정적인 과정은 아니다. 휴대폰은 의존성과 취약성이라는 힘과 흐름을 야기한다. 휴대폰은 앱과 전원이 공급될 때만 유용하다. 분실되거나 고장 날 수도 있다. 오늘날 많은 디지털 기술이 그렇듯이 휴대폰도 조만간 폐기될 수 있다. 실제로, 마코리는 화면에 직접 "쓰기" 기능이 있는 새롭고 저렴한 버전이 나오면 곧바로 다음 기기로 넘어갈 것이라고 말한다.

잉골드의 연구는 객체를 독립적이고 정적인 실체로 인식하는 것을 넘어서 사고하도록 한다. 객체는 움직일 때 되는 것이다. 객체가 되는 것은 연결된 인간을 포함한 사물과 활동의 연결과 흐름의 본성 때문이다. 이 연구의 면담과 관찰 자료를 면밀히 검토하면, 휴대폰이 단지 전화기일 뿐 아니라, 무선 핫스팟, 케이스와 장식으로 꾸며야 하는 액세서리, 사전, 신뢰할 만한 개인 가이드, 혹은 잃어버릴까 걱정하는 소지품도 될 수 있다는 것을 여러 사례를 통해 확인할 수 있다. 다양한 활동은 휴대폰이 무엇을 **하고 있는지**를 보여 준다. 연구자가 이러한 제스처를 인식하게 되면, 가능한 힘들과 흐름들이 눈에 들어온다. 누구-무엇이 되고 있으며, 어떻게 되는지 이해하기 위해 상호 응답을 분석할 수 있다.

잉골드의 작업을 활용하면, 사물과 인간이 교차할 때 발생하는 흐름, 힘, 움직임에 대해 사고할 수 있다. 예를 들어 이동성 연구에 이러한 분석적 휴리스틱을 적용하면, 이동하는 일-학습 실천이 특정 기기의 주어진 어포던스라기보다 다층적인 힘을 통해 이루어지는 놀라운 성취라는 것을 보여 줄 수 있다. 이동성 실천은 아무리 강력한 기기라 하더라도 기기에만 귀속될 수 없으며, 행위자들의 네트워크와 깊이 연관되어 있다. 이러한 분석에서 연구자는 인간과 비인간 행위자들의 움직임과 제스처가 어떻게 얽히며, 함께 무엇이 되어가는지 혹은 그렇지 않은지를 탐구해야 한다.

잉골드(Ingold 2012b)의 상호 응답 개념은 다양한 물질성들이 동시에 상호 응답하는 데 요구되는 움직임과 제스처의 복잡성을 고려할 때, 훨씬 더 복잡해지고 어쩌면 제한적이기까지 하다. 여기서 일곱 번째 휴리스틱인 번역 풀어내기에서 강조했듯이, 다층적인 사회물질적 수행에 초점을 맞추는 것이 유용하다. 잉골드(Ingold 2012a)의 그물망 혹은 "엮여진 선들의 얽힘"(p. 49)도 자료에서 분명하게 드러날 수 있는 힘과 흐름을 파악하는 데 유용한 분석 개념이 될 수 있다. 잉골드(Ingold 2005)는 서로 연결된 점들의 네트워크 대신 "그물망의 선은 살아가며 따라가는 길"(p. 47)이라고 주장한다. "그물을 구성하는 것은 점들의 연결이 아니라 선들의 얽힘 속에서 구성된다"(p. 47). 후기 저작에서 잉골드는 "그물은 사물이 되면서 따라가는 선"(Ingold 2012a)이라고 제안한다.

이는 중요한 전환이다. 아누사스와 잉골드(Anusas & Ingold 2013)는 "분리된 객체들의 네트워크적 집합"을 넘어서, "사물의 형태가 끊임없이 출현하는 에너지 움직임 속에서 물질들의 얽혀진 그물"(p. 66)을 고려해야 한다고 주장한다. 모바일 기기 하나만으로 사물이나 실천이 이동성을 가지는 것이 아니다. 값비싼 데이터 요금제가 항상 이동 중에 작업할 수 있는 능력을 중단시키지 않는 것처럼, 이동 중에 일-학습 실천을 달성하는 것은 단순한 기기의 연결이 아니다. 연구자는 움직이는 선들의 결합과 선들이 엮이는 방식, 즉, 그물망의 형태에 주목해야 한다. 사물은 관계적이다. 사물은 자신이 얽혀 있는 그물 같은 관계의 네트워크 때문에, 지금의 존재가 되고 여기서 행위를 한다. 잉골드(Ingold 2012b)가 제안하듯, 사물은 지속적으로 되어감의 과정에 있다. 사물은 끊임없이 움직이는 선이다.

상호 응답이라는 관점으로 사물과 인간이 수행하는 다양한 움직임과 제스처에 주목하면, 존재와 실천이 형성되는 방식뿐만 아니라, 실천 과정에서 사물과 인간이 되어 가는 방식을 밝힐 수 있다. 인간과 사물의 움직임을 이해하는 또 다른 방식은 잉골드(Ingold 2012a)의 즉흥적인 경로 만들기 개념을 활용하는 것이다. 잉골드(Ingold 2012a)는 다른 인간 혹은 물질의 길을 따라 혹은 그 사이에서 자신의 길을 엮어 갈 때, "즉흥적으로 경로를 만든다"(p. 49)라고 쓰고 있다. 이 과정에서 새로운 경로는 그물망 내에서 새로운 선을 형성한다. 이와 관련하여 던질 만한 면담 질문은 "실천가들은 자신의 일 또는 학습 공간에서 디지털 기술 혹은 다른 사물/인간/실체 사이를 지나가며 어떻게 길을 엮는가?", "그 과정에서 즉흥적으로 만들어지는 경로는 무엇인가?"이다. 예를 들어, 마코리는 다음과 같은 경험을 공유한다.

저는 데스크탑 컴퓨터, 노트북, 휴대폰을 가지고 있습니다. 데스크탑은 사용하지 않고 그냥 사무실에 두고 있습니다. 휴대폰은 항상 가지고 다니고요. 노트북은 업무 환경에서만 사용합니다. 특정 기기에 대해서는 특정 정보의 신뢰할 수 있는 출처로 여깁니다. 예를 들어, 전화번호와 연락처는 휴대폰이 신뢰할 수 있는 출처입니다. 연락처 목록이 여러 개 있긴 하지만, 정보의 출처는 휴대폰입니다. 이메일의 경우, 휴대폰으로 확인할 수는 있지만 다운로드는 하지 않습니다. 이메일은 노트북으로 다운로드하며, 노트북이 신뢰할 수 있는 출처입니다. 노트북은 백업용으로 쓰이기도 하는데, 매일 일과가 끝나면 백업 작업을 합니다. 노트북과 데이터를 동기화합니다.

(Thompson forthcoming)

이 면담 조각은 디지털 기기와 인간 행위자 간의 지속적인 협상을 보여 준다. 협상에는 어떤 기기를 어떤 용도로 사용할지 결정하는 과정도 포함된다. 다른 연구 자료에서는 이동 중에 작업하고, 과업을 이동시키고, 지식도 움직이기 위해서는 다른 디지털 행위자 혹은 인간이 어떻게 필요한지가 표면화된다. 이러한 협상은 다양한 경로를 즉흥적으로 만들어 가는 작업을 반영한다. 각자가 새로운 실천의 발달에 기여하는 것이다.

그물망은 선뿐만 아니라 매듭으로도 구성된다. 잉골드(Ingold 2012a)는 "매듭은 많은 되기의 선들이 단단히 묶이는 장소"(p. 49)라고 제안한다. 매듭은 다양한 인간-기술의 몸짓을 일시적으로 묶는 것일 수도 있고, 이러한 에너지를 보다 영속적인 실천으로 잡아 매는 시도일 수도 있다. 그러나 선들은 단순히 여러 군데 매듭으로 끝나지 않는다. 예를 들어, 이동성 실천은 휴대폰, 와이파이 연결, 전자책에서 끝나지 않는다. 이러한 선들 혹은 되기는 뻗어 나가거나 옆으로 두르며, 매듭을 뛰어넘는다(Ingold 2012a). 따라서 선들은 깔끔하게 정리되거나 제한되지 않으며, 오히려 "매듭 너머 어디선가"(p. 49) 끝난다. 여기서 매듭 맺기의 우연성이 드러난다. 선들이 다른 선들과 얽히기 위해 계속해서 찾아 헤맨다는 생각(Ingold 2012a)은 디지털 사물들의 에너지를 깔끔하게 담아내는 것이 어려운 이유를 설명하는 데 도움이 된다. 디지털 사물들은 항상 동일한 방식으로 **되지** 않는다. 이 또한 인간 행위자와 모든 종류의 디지털 사물 간의 안무 혹은 즉흥적인 경로가 복잡하고 임시적인 협상을 수반하는 이유도 설명해 준다. 매듭을 넘어선 움직임은 결국 매듭을 잡아당겨 느슨하게 하거나 더 단단히 조일 수 있다.

인간과 비인간 행위자들은 유동적인 디지털 실천을 안정화하려고 시도한다. 이는 즉흥적인 경로 만들기 작업의 일부일 수 있다. 매듭을 넘어선 움직임은 다시 매듭으로 되돌아가는, 말하자면 이중 매듭을 형성할 수도 있다. 여기서 다음과 같이 추가적인 분석적 질문을 제기할 수 있다. 어떤 종류의 매듭 맺기가 이루어지고 있는가? 이는 어떻게 일어나는가? 움직임의 선들은 어떻게 방향이 전환되고, 제한되며, 증폭되고 있는가? 이러한 질문들은 여섯 번째 휴리스틱인 미디어의 법칙 적용하기를 떠올리기도 한다.

행위자들 간의 관계에 질서를 부여하는 실천은 어느 정도 매듭 맺기를 반영한다. 이러한 실천에는 새로운 기기, 업무 과제, 문제, 또는 인터넷 연결 끊김, 데이터 요금제 한도, 대역폭 제한과 같은 일시적인 기술적 결함 등과 같이 임시적이고 우연적이라도 일상으로 정착하는 것을 포함한다. 지금 무엇이 작동하고 있는지 이해하면, 동일한 길을 다시 따라가고자 하는 욕구가 생긴다. 터클(Turkle 2008)은 "안정적인 기술 환경과 그 안에서 상호작용하는 객체의 일관성"(p. 133)이 제공하는 정서적 안정감을 언급한 바 있다. 톰슨의 이동성 연구에서, 마코리는 친구들로부터 아이패드를 구매하라는 압박을 받고 있었다. 하지만 그는 아이패드가 이미 휴대폰과 노트북 사이에서 자신과 다른 디지털 행위자들이 조율해 온 복잡한 상호작용 흐름에 어울리지 않는다고 설명했다. 그는 "맞지 않아요. 아이패드는 휴대폰이나 노트북과 서로 잘 작동하지 않아서 충돌만 일으킬 거예요."라고 말했다. 마코리의 딜레마는 이미 형성되어 작동하는, 아이패드가 야기하는 방해를 받아들이지 않으려는 일련의 실천이 존재한다는 것을 보여 준다. 이 연구에서 매듭 맺기는 움직임을 늦추고, 방향을 전환하거나, 심지어 움직임을 막으려는 시도도 반영한다.

2장과 3장에서는 일상적이고 전문적인 실천에서 사물과 물질을 비판적으로 검토하려는 연구자와 실천가에게 도움을 줄 수 있는 여덟 가지 휴리스틱을 소개했다. 4장에서는 연구 실천 그 자체로 시선을 돌린다. 휴리스틱을 활용해 오늘날 질적 연구자의 도구 상자에서 발견되는 몇 가지 디지털 사물들을 면담하고, 이들이 현재와 미래의 지식 생성과 연구 실천에 미치는 영향을 성찰한다.

CHAPTER 04

공동 연구자인 객체와 면담하기

CHAPTER 04

공동 연구자인 객체와 면담하기

초록

네트워크화와 디지털화된 오늘날 질적 연구 실천의 지형을 탐구하기 위해 앞서 제시한 휴리스틱을 적용해 본다. 연구 프로젝트의 다양한 단계에서 사용된 질적 자료 분석 소프트웨어 패키지인 엔비보(NVivo)와 아이팟(iPod)을 대상으로 면담을 진행하였다. 우리는 디지털 존재들, 즉 "코드화된 물질성(coded materialities)"이 공동 연구자로서 연구에 참여하여, 연구 실천과 지식 구성 과정을 단순히 변형, 확장, 지원하는 것에 그치지 않고, 왜곡하고, 방해하여, 제약함으로써 필연적으로 새로운 긴장과 모순을 도입한다고 주장한다. 시각화 소프트웨어를 사례로 삼아, 연구 실천에서 디지털 자료의 역할을 간략하게나마 살펴본다.

주요어: 디지털 자료, 객체 면담하기, 엔비보, 질적 자료 분석 소프트웨어

오늘날 질적 연구자는 연구 프로젝트의 구상 단계부터 결과의 확산에 이르기까지 다양한 디지털 도구를 활용한다. 문헌 검토를 위해 연구자는 구글스칼라(Google Scholar)와 학술 데이터베이스를 검색하고, 엔드노

트(EndNote), 레프웍스(RefWorks), 혹은 다른 참고 문헌 관리 소프트웨어를 사용하여 인용을 정리하고 추적한다. 연구 제안서는 마이크로소프트 워드(Microsoft Word)로 작성되며, 이 문서와 관련된 파일들은 드롭박스(Dropbox)에 업로드된다. 구글독스(Google Docs)를 사용하여 팀 구성원들과의 문서 공유 및 협업을 용이하게 할 수도 있다. 연구 회의 일정은 두들(Doodle)로 조율하며, 회의는 스카이프(Skype)나 기타 웹 기반 회의 도구를 통해 진행된다. 비디오 카메라나 아이팟과 같은 모바일 기기는 면담 녹화와 현장 연구를 지원하기 위해 구매할 수 있다. 연구 조교는 순조로운 면담 자료의 전사를 위해 오디오 노트테이커(Audio Notetaker)나 익스프레스 스크라이브(Express Scribe)를 사용해 볼 것을 권유받기도 한다. 엔비보나 아틀라스티아이(ATLAS.ti)와 같은 질적 자료 분석(qualitative data anaysis, QDA) 소프트웨어가 자료 관리 및 분석을 보조하기 위해 설치된다. 디지털화된 기밀 자료 보안을 위해 암호화 소프트웨어가 사용된다. 프로젝트에 따라 데이터 시각화나 데이터 마이닝 소프트웨어를 시도해 볼 수 있다. 연구자는 파워포인트를 사용하여 학회 발표 자료를 준비하고, 작성한 원고를 온라인 학술지 시스템에 업로드하여 동료 평가를 받는다. 또한, 엑스(X)(옛 트위터), 아카데미아(Academia.edu) 및 기타 소셜 미디어를 통해 연구 결과를 확산한다.

질적 연구에서 사용되는 디지털 기술의 범위는 이제 매우 광범위해서, 그 사용과 적용에만 초점을 맞춘 교재가 나올 정도이다. 한편, 이와 같은 디지털화된 연구 지형의 확산에 따라 새로운 질문들이 제기되고 있다. 예를 들어, 2013년 5월에 발행된 《이론, 문화, 사회》 특별호는 “연구 방법의 사회적 삶(social life of methods)”을 주제로 다루었으며, 영국의 국립 연구 방법 센터(National Centre for Research Methods, NCRM)는 2012-2013년에 “디지털 기반 연구 방법이 사회과학 연구에 제기하는 기회와

도전"(Roberts et al. 2013, p. 3)을 논의하기 위한 워크숍 시리즈를 후원했다. NCRM의 요약 보고서에서 지적된 우려 중 하나는 디지털 도구의 블랙 박싱(black boxing)이다. 중요한 윤리적 질문이 제기되고 도구의 존재와 이들 도구의 사용에서 비롯된 문제점들이 보고되었음에도 불구하고, 방법론적 함의에 대한 비판적인 개입과 관심은 부족하다는 것이다(p. 6). 스콧 래시Scott Lash의 연구에 기반하여, 데이비드 비어(Beer 2012)는 소프트웨어가 점점 더 "효율화하고, 예측하며, 우리를 대신해 결정을 내리고, 연구자와 연구 과정의 행위성 일부를 가져가 자신들의 것으로 만들 것"(para. 2)이라고 예측한다. 고등 교육 역시 교육 및 연구 실천이 정교한 알고리즘과 더욱 밀접하게 얽히고 알고리즘에 의해 정의되면서 대대적인 변화와 개편을 겪고 있다.

《질적 연구를 위한 디지털 도구》의 서문에서 파울루스 외(Paulus et al. 2014)는 연구자들에게 프로젝트 관리, 문헌검토 수행, 자료 생산 및 분석에 이르기까지 연구의 전 과정에서 디지털 기술을 신중하게 사용할 것을 권고한다. 그들은 깁슨과 노먼의 어포던스 이론을 "우리가 사용하는 도구의 어포던스와 제약을 고려하는 반성적 실천의 일환"(p. 5)으로 제안한다. 그들은 마지막 장에서 "우리의 사회적 상호작용이 디지털 기술과 점점 더 얽히게 됨에 따라, 사회적 삶을 탐구할 때 인간 경험의 디지털 측면에 주목하는 것이 점점 더 중요해지고 있다"(p. 190)라고 말하며 그들의 입장을 재확인한다. 우리도 이러한 입장에 동의한다. 그러나 안타깝게도, 파울루스 외(Paulus et al. 2014)는 연구자들이 사용하는 도구에 대해 전망 있는 "반성적" 고찰은 제공하지 않으며, 그들이 제안한 유일한 휴리스틱인 어포던스 이론도 피상적으로만 적용하고 있다. 더 나아가, 파울루스 외(Paulus et al. 2014)의 가장 큰 한계점은, 질적 연구 수행에 있어 연구자와 디지털 도구가 맺는 상호 구성적인 관계의 본질에 대해 언급하지 않은 것이다. 그들은 "소프트웨어를 사용하든 사용하지 않든, 연구자는 자료를 처리하고 분석하며 해석하는 방식에 대한 결정권 가지고 있다"(p. 116)라고 단언한다. 연구자를 연구 과정의 유일한 최종 결정권자로 위치시키는 이 입장은 겉으로는 타당해 보이지만, 디지털 기술의 도입이 지식과 실천에 미치는 미묘하면서도 때로는 중대한 함의들을 간과하고 있다.

이 장에서는 최근 실증 연구에서 도출된 몇 가지 예시를 통해 질적 연구의 디지털 지형을 탐색한다. 우리는 연구에서 활용된 기기와 소프트웨어가 보조자 또는 **공동 연구자**의 역할을 했다고 제시한다. 디지털 기술의 참여는 결코 중립적이지 않고, 연구자의 노력을 확장하고 지원하는 한편, 새로운 활동과 담론을 도입했으며, 예상치 못한 긴장과 모순을 초래하기도 했다. 2장과 3장에서 소개된 휴리스틱을 바탕으로, 우리는 두 가지 디지털 사물과 면담을 진행한다. 하나는 현상학적 연구 프로젝트에 사용된 질적 자료 분석 소프트웨어인 엔비보이며 다른 하나는 현장 연구에 활용된 아이팟이다. 두가지 디지털 도구는 연구 실천에서 널리 그리고 일상적으로 사용되기 때문에 연구의 대상으로 선택하였다. 두가지 도구는 연구 보고서에서 배경에 머무르는 경향이 있지만, 실제로는 자료 수집과 분석 과정에 깊이 관여한다. 엔비보는 연구를 위해 설계된 도구인 반면, 아이팟과 같은 개인용 모바일 기기는 그 보편성과 기능성 덕분에 일부 연구자들에 의해 연구 도구로 활용되기에 이르렀다.

객체 면담을 통해, 디지털 사물이 다른 행위자들과 함께 연구 실천을 이끄는 동시에 왜곡, 순응, 변형시키는 방식을 이해하고자 한다. 또한, 자료에도 관심을 가진다. 연구 프로젝트 진행 과정에서 자료가 무엇이며, 무엇이 되는지, 그리고 연구자 및 다른 인간과 비인간 존재가 자료와 어떻게 얽히게 되는지를 탐색한다. 이를 위해, 시각화 소프트웨어를 예시로 삼아 연구 실천에서 디지털 자료의 행위를 간략히 살펴본다. 연구에서 디지털인 것에 대한 짧은 포스트휴먼 분석으로부터 몇 가지 중요한 포스트휴먼 합류성이 드러난다. 이 개념은 5장에서 더 깊이 논의하고 확장할 예정이다.

소프트웨어의 조용한 요동: 코딩하는 연구자

이번 절에서는 질적 연구자들이 면담 전사본이나 현장 기록과 같은 대규모 자료 모음을 관리하고 분석하는 데 주로 사용하는 질적 자료 분석 소프트웨어인 엔비보와 면담을 진행한다. 객체 면담을 통해 파울루스 외(Paulus et al. 2014)가 제기한 연구자는 "디지털 도구가 전통적으로 연구가 수행되던 방식을 어떻게 변화시키는지"(p. 3)를 반성적으로 숙고해야 한다는 주장에 대한 포스트휴먼적 접근 방법을 제시하고자 한다. 동시에 디지털 기술이 질적 연구 실천과 그에 수반되는 담론을 어떻게 재구성하고 있는지에 대해 고찰할 것을 제안한다.

면담을 위해 깁슨의 어포던스 개념을 활용하자는 제안을 받아들이되, 그의 방식이 가졌던 급진적인 이해를 보다 일관되게 적용하려고 한다. 이를 통해 주체/객체의 이분법과 인간의 순수한 행위성이나 통제라는 전제를 넘어서고자 한다. 기술의 초대적 호소에 주목함으로써 (**휴리스틱 3. 사물의 초대적 성질에 귀 기울이기**), 주어진 기술의 어포던스와 기술이 형성하는 음조적 분위기에 대해 유의미한 발견을 할 수 있다. 엔비보의 감응적 호소(pathic address)를 탐구하기 위해, 질적 자료 분석 소프트웨어를 현상학적 연구 프로젝트에 사용하기를 고려하는 연구자를 상상해 보자. 우리의 면담을 여기서 시작하는 것은 디지털 기술의 "주문이 마치 음악의 첫 선율에 응답하듯 즉각적으로 발휘될 수 있다"(McLuhan 1964, p. 15)는 점을 인정하는 것이다.

인터넷을 검색하던 연구자는, 엔비보 제품 페이지(QSR International 2016a)에 도달하고, “질적 자료 분석을 위한 최고의 소프트웨어”라는 홍보 문구를 발견한다. 단 몇 분 만에 그녀는 14일 체험판을 다운로드하고 설치한다. 맥용 엔비보(버전 11)를 열면, “새 프로젝트 생성” 또는 “샘플 프로젝트 열기”를 선택하라는 메시지가 뜬다. 그녀는 샘플 프로젝트를 열고, 세 가지 주요 작업 영역(탐색, 목록, 세부 보기)으로 구성된 창을 마주한다. 작업 영역 상단에는 다양한 명령이 제공되는 리본 메뉴가 있는데, 여기에는 홈, 생성, 자료, 분석, 쿼리, 탐색, 레이아웃, 보기 등의 항목이 포함되어 있다. 그 위에는 파일, 편집, 도움말 등을 포함하는 익숙한 어플리케이션 메뉴 바가 위치해 있다. 리본 메뉴를 시도해 보던 그녀는 “분석” 버튼이 “코딩,” “코딩 해제,” “주석 달기,” “연결하기”와 같은 다양한 기능을 제공한다는 것을 발견한다. 예를 들어, “코딩”에서는 “새 노드”나 “기존 노드”를 추가하거나, “인비보(In Vivo) 코딩” 또는 “자동 코딩”을 할 수 있다. “쿼리” 항목은 “텍스트 검색,” “단어 빈도,” “코딩 비교”와 같은 명령어를 제공한다.

맥루한(McLuhan 1964)이 언급한 엔비보의 “첫 선율”(p. 15)을 경험하면서, 질적 자료 분석 소프트웨어가 잠재적 사용자, 이 경우에서는 현상학 연구자를 대상으로 내놓는 여러 가지 제안을 확인할 수 있다. 소프트웨어의 초대적 호소는 “분석,” “쿼리,” “주석 달기,” “자동 코딩” 등과 같은 명시적인 기능뿐만 아니라 암묵적인 제안과 제한으로도 구성된다. 사용자는 소프트웨어에서 제공하는 기능을 모두 활용할 수 있지만, 반대로 소프트웨어가 제공하는 기능 외의 행위는 어렵거나 불가능해진다. 라투르(Latour 1992)는 이러한 명령어의 집합을 처방(prescriptions)이라고 부른다. 이러한 미리 쓰여진 스크립트는 엔비보 소프트웨어와 같은 비인간적 요소의 설계에 코드화되어 있으며, 이후 "기계화된 자, 즉, 인간 연구자"를 위해 암묵적인 지시사항을 "이렇게 해, 저렇게 해, 이렇게 행동해, 저쪽으로 가지 마"라고 "조용히 그리고 지속적으로 발화한다"(p. 232). 예를 들어, 엔비보의 분석이라는 처방을 따를 때, 연구자는 불러온 소스 파일을 열고, 새 노드를 생성하거나 이미 만들어진 노드를 선택해 문서 전체 또는 특정 부분을 코딩할 수 있다. 이렇게 각 소스 파일에 코딩하는 과정을 계속할 수 있으며, 때로는 인비보 코딩, 즉 참여자의 표현을 그대로 코딩하거나, 코드를 해제하거나, 메모나 주석을 추가할 수도 있다. 이후 작업한 내용을 검토하기 위해 노드로 이동해 해당 노드를 더블 클릭하여 유사하게 코딩된 모든 참조 목록을 확인할 수 있다.

휴리스틱 5(**인간-기술-세계 관계의 스펙트럼 분별하기**)로 관점을 돌려보면, 우리는 빠르게 엔비보를 해석학적 기술로 분류할 수 있다. 엔비보를 통해 연구자는 코드, 노드, 쿼리라는 지각적이고 행위적인 배경을 기준으로 자신의 원본 텍스트를 "읽게" 된다. 이는 "연구자→(엔비보-연구 세계)"로 나타낼 수 있다. 마치 워드의 복사, 잘라내기, 붙여넣기 같은 기능들이 워드를 독창적인 글쓰기 환경 혹은 **템플룸**(templum)으로 규정하는 것과 같다 (Adams 2016). 마찬가지로, 엔비보의 코드, 쿼리, 메모 기능은 엔비보가 구축하는 특정한 질적 연구 환경에 대한 단서를 제공한다. 엔비보의 부차적인 텍스트와 기능들은 연구자가 자신의 연구 세계를 어떻게 인식하고 이해하는지를 특징짓고 형성한다.

첫 번째 튜토리얼 영상을 본 후, 연구자는 엔비보의 도움말 메뉴를 확인해보기로 한다. "개념, 전략 및 기술"(QSR International 2016b)이라는 절에는 다음과 같은 설명이 나온다.

> 질적 자료를 다루는 것은 보통 순차적인 과정(**먼저** 가져오고, **그 다음** 코딩하고, **그 다음** 쿼리하고, **그 다음** 해석하고, **그 다음** 작성하는 방식)이 아니다. 대신, 탐색, 코딩, 성찰, 메모 작성, 추가 코딩, 쿼리 등의 과정이 되풀이되는 반복적인 과정인 경향이 있다. (4항, 원문 강조)

표면적으로, "반복적" 활동들 중 일부는 현상학적 연구를 하며 경험한 과정들과 일치하는 것처럼 보인다. "탐색"이나 "성찰"과 같은 용어는 익숙한 개념이지만, "코딩," "메모," "쿼리"와 같은 용어는 낯설다. "핵심 개념 이해하기"(QSR International 2016c) 절에서 그녀는 엔비보에서 다양한 종류의 자료를 불러오고 작업할 수 있다는 사실을 발견하고 기뻐한다. 그녀는 연구를 하며 면담 전사본, 서술된 체험 보고서, 블로그 게시물, 심지어 소설이나 시의 발췌문 등 여러 자료를 자주 활용하기 때문이다. 그러나 다음 절에서 다음과 같은 안내가 이어진다.

> 자료를 **코딩**하여 특정 주제에 대한 내용을 모아 **노드**라는 컨테이너에 저장합니다. 노드를 열면 해당 주제에 대한 모든 참조를 한 곳에서 볼 수 있으며, 이를 통해 주제에 대해 되돌아보고, 아이디어를 발전시키며, 태도를 비교하고, 패턴을 발견할 수 있습니다 … 노드를 체계적으로 조직하는 것도 분석 과정에서 중요한 부분입니다. (3항, 5항, 6항, 원문 강조)

그녀는 코딩과 노드 생성 방식이 자신이 사용하는 글쓰기 기반의 일화-성찰 탐구 접근 방식에 어떻게 도움이 될 수 있을지 고민하며 머리를 긁적인다. 분명 엔비보는 면담 원본 텍스트 이외의 디지털 자료를 저장하고 검색할 수 있는 데이터베이스를 제공하지만, 근거 이론과 같은 질적 연구 방법론의 귀납적 연구 활동, 즉 코딩이라는 담론과 반복적 실천을 채택할 것을 제안하고 있다. 여기서 연구자는 "질적 텍스트를 저장하도록 설계된 편리한 데이터베이스의 제공이, 엔비보가 제시하는 어휘, 구조, 기능을 수용하여 자신의 연구 실천 일부를 수정할 만큼 충분한 이유가 되는가?"라는 질문에 직면하게 된다.

물론, 연구자는 엔비보가 제공하는 다양한 코딩 및 쿼리 기능을 전혀 사용하지 않거나, 아예 이 질적 자료 분석 소프트웨어를 사용하지 않기로 결정할 수도 있다. 위에서 제시한 상상 속 일화는 엔비보의 초대적 첫인상을 보여 주긴 하지만, 소프트웨어를 눈앞에 있는 도구로 만나는 초보자의 관점에 기반하고 있기 때문에 한계를 지닐 수도 있다.

> 아무리 다양한 형태를 취하는 사물의 "외형[Aussehen]"을 날카롭게 **본다**[Nur-noch-hinsehen]고 해도, '손-안에-있음'을 발견할 수 없다. 사물을 '이론적으로' 본다면, 그 사물이 어떻게 사용되는지, 즉 손-안에-있음을 이해하지 않아도 큰 문제는 없다. 그러나 사물을 실제로 사용하고 조작하는 활동은 단순히 무작정 이루어지는 것이 아니라, 직관적 이해를 동반한다. 직관적인 이해는 사물을 조작할 때 우리를 인도하고, 이를 통해 사물은 고유한 성격을 획득한다. (Heidegger 1962, p. 98, 원문 강조)

기술을 바라보는 것만으로 기술의 전체 혹은 미래의 가치를 추정하는 것은 거의 불가능하다. 연구자가 실제 연구 실천 맥락에서 엔비보에 "능숙하게 대처하는"(Dreyfus 2014) 과정에서 형성되는 몰입적 친밀감(rapport)에 접근해야만 한다. 직관적인 이해는 엔비보의 루틴에 익숙해지고, 어휘를 배우며, 가능성을 시험해 보는 과정에서만 펼쳐진다. 그러나 엔비보의 다양한 어포던스에 적응하고 구조적 변이에 익숙해질수록, 소프트웨어는 필연적으로 시야에서 사라지고, 데이터베이스 구조는 조용히 흡수되며, 코딩 실천은 통합되고, 명령어 어휘는 당연시된다. 이 지점에서 연구자의 실천은 이미 변화하게 된다. 엔비보가 지원하고 활성화하는 특정한 "효과의 배경 구성(ground-configurations of effects)"(McLuhan & McLuhan 1988, p. 98)은 연구 실천에 통합되어 비판적 성찰에서 사라지게 된다.

의료 종사자가 겪는 연민 피로(compassion fatigue)에 대한 대규모 연구 프로젝트에서 엔비보를 사용해 보기로 한 숙련된 현상학 연구팀 사례를 살펴보자. 고블 외(Goble et al. 2012)는 프로젝트를 진행하는 과정에서 엔비보 사용이 연구 실천에 미치는 차이에 주목했다. 그들은 프로젝트를 회고하며 한편으로는 자료 분석 소프트웨어가 "관련 없는 전사본 일부를 효과적으로 제거하고, 관련된 부분은 부각시켜 놓치지 않도록"(p. 12)하여 연구팀에 큰 도움을 주었다는 것을 깨달았다. 그러나 다른 한편으로, 경험이 많은 연구자들은 더 이상 원본 텍스트를 직접 다루지 않게 되면서 점점 텍스트와 거리가 생긴다는 것을 경험하기도 했다. 대부분의 질적 자료 분석 소프트웨어에서 요구되는 자료 입력이라는 새롭지만 비교적 단순한 작업은, 연구보조원에게 "외주"로 맡겨지기 쉬웠다. 여기서 우리는 특정 연구 환경에서 엔비보를 도입할 때 발생하는 증폭/축소 구조(**휴리스틱 6. 미디어의 법칙 적용하기**)가 어떻게 작동하는지 엿볼 수 있다.

또한, 연구팀은 엔비보에서 중심적 역할을 하는 코딩 작업에 어려움을 느꼈다.

> 코딩이 분석을 수행하는 주된 수단이 되어, 연구 방법론을 능가하게 되면, 결과적으로 일반화된 주제만 기술할 수 있게 된다. 연민 피로 연구자에게 코딩은 현상의 본질에 다가가지 못하게 하는 위험을 내포하고 있었다.
>
> (Goble et al. 2012, p. 13)

엔비보를 연구의 주된 분석 툴로 사용하면서, 고블 외(Goble et al. 2012)는 예상치 못하게 현상학적 방법론에 대한 그들의 의지가 해당 소프트웨어의 가장 기본적이고 "매력적인" 분석 방식인 코딩에 의해 타협되는 경험을 하게 되었다.

이러한 예상치 못한 효과들을 이해하려는 노력의 일환으로, 연구자들은 다른 객체 면담 기법인 휴리스틱 6(**미디어의 법칙 적용하기**)를 활용했다. 고블 외(Goble et al. 2012)는 자신들의 경험을 이해하기 위해 다음과 같은 테트라드를 구성하였다.

- 엔비보는 "자료 전처리 과정에서 자료의 평등성"을 증진시킨다.
- 엔비보는 "노트를 쓰고 전사본 조각을 만지작거리는 것과 같은 연구의 촉각성"을 쇠퇴시킨다.
- 엔비보는 "펀치 카드 전문가"를 회복시키고,
- 엔비보를 과도하게 사용할 경우, "자료 섞기"로 반전된다. (p. 12)

엔비보와 같은 질적 자료 분석 소프트웨어는 수집 및 분석되는 자료의 양을 늘리고, 팀워크의 기회를 증가시키는 등 연구자가 연구 프로젝트를 여러 방식으로 확장할 수 있게 해 줄 수 있다. 그러나 이러한 능동적 확장은 연구자가 소프트웨어 설계자들이 설정한 방법론적 전제와 설계적 결정에 어느 정도 동원됨으로써 수행된다. 질적 자료 분석 소프트웨어를 사용할 때, 연구자는 자신의 연구 실천을 소프트웨어 알고리즘과 구조의 암묵적인 방식에 어느 정도 맞추고 조정해야 한다. 이에 따라 연구자의 사고 방식과 습관은 변형되고 재구성되며, 익숙한 몸짓 체계는 무너지고 재편성된다. 또한 친숙한 어휘들은 새로운 의미를 띠게 되며, 일상적인 지식, 사고, 행위 방식이 미묘하거나 때로는 급격한 변화를 겪게 된다.

고블 외(Goble et al. 2012)는 "코딩이 주요 분석 기능이기 때문에 (엔비 보는) 현상학적 연구에 적합하지 않다"고 결론 내렸다. 하지만, 파울루스 외(Paulus et al. 2014)는 이에 반박하며, "자료 분석 소프트웨어를 사용한 수많은 현상학적 연구가 발표되었다"(p. 116)고 주장한다. 그들은 또 다른 상용 질적 자료 분석 소프트웨어인 맥스큐디에이(MAXQDA)에 대한 모니크 미첼Monique B. Mitchell의 긍정적인 평가를 예시로 제시한다. 미첼은 두 개의 현상학적 연구 논문의 공저자이다.

> 맥스큐디에이는 매우 직관적인 색상으로된 코드 범주 시스템 외에도, 문서 시스템, 코드 시스템, 문서 브라우저, 검색 결과를 분할 창을 통해 동시에 볼 수 있는 기능을 제공한다. 이러한 기능은 문서 내외에서 부모 코드와 자식 코드를 식별하고 설정하며 위치를 정하는 데 특히 유용하다.
> '편집' 기능도 맥스큐디에이의 또 다른 유용한 기능이다. 이 기능이 활성화되면 사용자는 시스템 내의 모든 자료의 정확성을 확보하기 위해 원본 문서를 편집할 수 있다. 코딩 과정에서 원본 문서가 실수로 수정되거나 삭제되는 것을 방지하기 위해, 이 기능이 활성화되면 코딩은 불가능하다. 다행히도, 기본 설정에서는 편집 기능이 비활성화되어 있어, 자료 분석에서 코딩과 범주화 과정이 우선시된다. (Mitchell in Paulus et al. 2014, p. 116)

미첼의 설명에 따르면, 맥스큐디에이를 사용한 현상학적 연구는 코딩과 범주화, 정확성 확보를 위한 편집, 색상 코드 시스템 내에서 여러 창을 동시에 보는 것, 감사 추적을 기록하는 것 등의 활동으로 구성된다. 그러나 고블 외(Goble et al. 2012)가 지적한 바와 같이, 이러한 활동은 현상학적 탐구의 본질과는 **거리가 멀다**. 예를 들어, 현상학에서 중요한 판단중지와 환원은 어디에서 수행되는가? 반성 이전의 경험에 대한 지속적인 글쓰기 성찰은 어디에 있는가? 사물 그 자체로의 회귀는 어디에서 이루어지는가? 맥스큐디에이의 영향 아래 있는 미첼의 방법론은 현상학적 연구를 현상학이게 하는 방법론적 활동과 유사성이 거의 없다. 대신, 현상학적 연구자는 조용히 "맥스큐디에이 사용자"로 재구성되는 것처럼 보인다.

파울루스 외(Paulus et al. 2014)는 "질적 자료 분석 도구는 연구자에게 자료에 대한 특정한 분석 구조나 접근 방식을 **강요**하는 것이 아니라, 연구자의 분석적 **필요에 따라** 다양한 기능과 특징을 제공하고 연구자는 자신의 의도에 따라 해당 툴을 사용할 수 있거나 무시할 수도 있다"(p. 116, 원문 강조)라고 자신 있게 주장한다. 그러나 이 주장은 소프트웨어가 실제로 어떻게 작동하는지를 은폐한다. 질적 자료 분석 소프트웨어는 분명 다양한 기능과 가능성을 제공하지만, 이러한 가능성을 부여하기 위해서는 특정한 인프라와 지식 체계를 사용자, 즉, 연구자에게 **강요**할 수밖에 없다. 사실 모든 소프트웨어는 "의견을 가진다(opinionated)"(Adams & Pente 2011, p. 8). 소프트웨어 프로그램의 설계와 구조는 사용자의 특성, 작업흐름, 용어, 활동의 목적과 의미에 대해 특정한 가정을 전제한다. 이로 인해 소프트웨어는 사용자가 그 환경에서 할 수 있거나 접근할 수 있는 것을 미리 결정하며, 그 용어와 기능적 어포던스는 연구자가 그 안에서 수행할 수 있는 대화와 활동의 가능성을 확장하면서도 제한한다.

이런 맥락에서 QSR International(2016a)이 주장한 "엔비보는 특정 방법론을 선호하지 않으며, 사용자가 어떤 방법을 사용하든 일반적인 질적 기법을 쉽게 적용할 수 있도록 설계되었다"라는 말(2항)은 명백히 사실이 아니다. 물론 "질적 자료 분석 소프트웨어 사용은 때때로 방법론적 통찰이나 자료를 이해하고 접근하는 데 창의적이고 새로운 방법을 제공할 수 있다"(Gilbert et al. 2014, p. 231). 그러나 확대된 가능성을 제공하는 과정에서, 소프트웨어는 사용자를 제한된 인식과 실천의 궤적 안으로 안내한다.

디지털 사물이 연구 과정에 어떻게 도입되는지를 살펴보는 섬세한 면담 없이는 그들이 단순히 연구를 보조하는 역할을 넘어, 주된 방법론과 실천에 잠재적으로 미치는 영향을 파악하기 힘들다. 엔비보와의 면담 과정에서는 휴리스틱 3(**사물의 초대적 성질에 귀 기울이기**)이 활용되어, 추가 분석을 위한 여러 가지 일화(**휴리스틱 1. 일화 수집하기**)를 구성하는 데 기여했다. 휴리스틱 5(**인간-기술-세계 관계의 스펙트럼 분별하기**)는 엔비보를 해석학적 기술로 이해하는 데 도움을 주었으며, 이를 통해 지식 생산의 형태와 연구 전개 방식에 엔비보가 중요한 역할을 한다는 점이 드러났다. 또한, 휴리스틱 6(**미디어의 법칙 적용하기**)은 이 소프트웨어를 "공동 연구자"로 사용할 때 발생하는 여러 가지 긴장을 밝혀냈다.

디지털 기기들: 누구-무엇의 연구인가?

디지털 녹음 장치들이 점점 더 정교해지고, 휴대가 간편하며 사용이 용이해짐에 따라, 이들은 인간 연구 참여자뿐만 아니라 다른 디지털 흔적까지 기록하는 능숙한 관찰자, 청취자, 그리고 기록 보관 담당자로 점점 더 많이 활용되고 있다. 굴레이와 올리버(Gourlay & Oliver 2017)는 아이팟터치(iPod Touch)를 대학원생들에게 배포하여 다양한 환경에서 이루어지는 일상적인 학습 활동과 텍스트 및 기술과의 상호작용을 기록하게 하였다. 여기서 아이팟터치는 현장 연구자의 역할을 맡아 인간 참여자와 24시간 밀접하게 상호작용하며 활동을 기록한다. 디지털 기기와 연구 참여자가 함께 생성한 사진, 비디오, 음성 파일, 노트 등의 산출물은 나중에 자료로 사용될 뿐만 아니라, 대면 면담에서 보다 심층적인 조사를 위한 자극제로도 활용된다.

이 기기가 연구 작업에 적극적으로 참여하는 방식을 엿보기 위해, 우리는 두 번째 휴리스틱(**행위자 따라가기**)을 적용해 다음과 같은 질문을 할 수 있다. 첫째, (아이팟터치를 출발점으로 활용하여) 이 객체를 둘러싼 사회성은 무엇인가? 이 객체의 물질성은 무엇인가? 둘째, 해당 어셈블라지가 어떠한 작업을 수행하는가? 어떠한 실천 혹은 미시적 실천이 동원되는가?

이 연구에서 아이팟터치는 대학원생인 인간 연구 참여자가 일상 학습 활동을 기록하는 데 사용하면서 다양한 디지털 및 비디지털 사물들과 얽히게 된다. 예를 들어, 굴레이와 올리버(Gourlay & Oliver 2017)는 다음과 같이 설명한다.

> 유키는 그녀의 아이팟터치로 찍은 "욕실은 독서하기 좋은 장소다"라는 제목의 이미지를 공유했다. 이 이미지에 대해 유키는 디지털화된 책, 녹음된 강의, 개인 메모, 웹 링크 등을 아이패드로 정리했으며, 아이패드를 투명한 지퍼백에 넣어 목욕을 하면서도 학습할 수 있었다고 설명했다. 욕실은 그녀에게 집중할 수 있는 평화롭고 여유로운 환경을 제공했다. (p. 80-81)

아이팟터치는 이미지를 충실히 기록하고 저장하여 공유하는 역할만 한 것이 아니라, 아이패드, 욕조, 지퍼백과 같은 다른 행위자들을 조립하고, 무대에 올리고, 가시화하는 데에도 기여했다. 이러한 과정 속에서, 아이팟터치는 단순히 일상적인 문해력과 관련된 실천을 기록하는 역할에 그치지 않고, 그 실천의 일부가 되었다. 아이팟터치의 역할은 여기서 끝나지 않았다. 연구 참여자들은 자신들이 만든 자료를 정리한 후, 면담에 가져와 연구자와 함께 이야기하고 논의해야 했다. 아이팟터치는 몇몇 학생들이 만든 파워포인트나 프레지(Prezi)와 같은 프레젠테이션을 포함하며 그 물질성을 확장했다. 물론 이 모든 작업을 아이팟터치 혼자 수행한 것은 아니다. 굴레이와 올리버(Gourlay & Oliver 2017)는 연구 참여자들이 면담에 아이팟터치와 함께 책, 파일폴더, 노트, 포스트잇, 펜 등을 함께 가져왔다고 보고한다. 면담에서 아이팟터치는 자료를 관리하고 공유하며, 날짜와 시간 표시를 통해 자료를 인증하고, 연구 참여자들이 특정 이미지나 노트를 언제 기록했는지 기억을 상기시키는 역할을 했다. 아이팟터치와 연관된 미시적 실천의 범위는 주목할 만하다.

다양한 실천들 속에서 아이팟터치는 분명히 사회적 사물로 기능하고 있다. 루퍼트 외(Ruppert et al. 2015)는 사회적 사물, 특히 자료의 "아직 정의되지 않은 잠재력"(p. 31)은 자신의 내부와 외부에서 관계를 형성하는 능력에 달려 있다고 말한다. 이러한 관계는 사회적인 것만이 아니라 물질적이기도 하다. 예를 들어, 매튜 소어비(Sowerby 2016)는 청소년들과 학교를 걸어 다니며 면담을 진행할 때 아이패드를 주고 학교 내 중요한 장소에서 사진을 찍도록 했다. 여기서 아이패드의 물질성도 신중하게 고려되었다. 디지털 카메라에 비해 아이패드는 청소년들에게 더 친숙한 인터페이스를 제공했으며, 형식을 갖춘 깔끔한 사진보다는 "스냅샷" 미학을 자연스럽게 초대하는 비공식적인 분위기를 자아냈다. 아이패드는 양옆에 범퍼가 달린 고무 케이스가 장착되어 있어 더 부드럽고, 잡기 쉬우며, 충격이나 긁힘에도 잘 견딜 수 있었다. 이러한 어셈블라지는 친근함을 자아내어 학생들이 아이패드를 자유롭게 사용하고, 손상에 대한 걱정 없이 편안하게 다룰 수 있도록 했다.

이제 우리는 아이팟터치(혹은 아이패드)와 디지털 인공물 집합을 그들의 존재와 활동을 통해 자료를 생성하는 연구 참여자로 볼 수 있다. 아이팟터치와 디지털 카메라, 사진 관련 앱, 메모리 등으로 구성된 어셈블라지는 자료를 생성할 뿐만 아니라, 자료를 저장, 공유, 확장하는 공동 연구자로서의 역할도 수행하고 있다. 이러한 이중 역할은 디지털 기기와 기기가 생성하는 자료 간의 경계가 흐려짐을 시사한다. 이렇게 사용될 때, 아이팟터치는 사회적 삶의 **일부**이면서 그 삶을 **아는** 장치가 된다(Ruppert et al. 2013). 디지털 사물들은 단순히 자료를 생성하는 것이 아니라 훨씬 더 생성적인 방식으로 작동한다. 이러한 디지털 실천은 중립적이지 않으며, 우리가 알고 있는 것에 실질적인 영향을 미친다(Ruppert et al. 2015). 위 사례에서 아이팟터치는 **행위하고 있으며**, 따라서 추적할 가치가 있는 중요한 행위자이다.

일곱 번째 휴리스틱(**번역 풀어내기**)으로 넘어가면, 어떤 사회물질적 세계가 작동하고 있는지 질문할 수 있다. 디지털 기기는 현장 연구자로서 그 세계의 형태를 전환시킨다. 이러한 물질적 본성은 도시 공간과 관련하여 아동들이 자신들의 이동성을 어떻게 협상하는지 살펴본 연구의 일화를 통해 드러난다. 킴 쿨먼(Kullman 2012)은 7-12세 아동들에게 디지털 카메라와 캠코더를 주어 등하굣길을 기록하게 했다. 연구자는 등하굣길 여정을 참여자들과 함께했다. 때로는 한 명의 아이와 동행했고, 때로는 친구, 형제자매, 부모와 함께했다. 킴 쿨먼(Kullman 2012)은 네 명의 소녀와 함께한 한 등하굣길 여정을 이렇게 기록하고 있다.

> [우리가] 근처 공원에 들어서자 상황이 변했다. 니아가 사진을 찍고 싶다고 말하며 내 손에서 카메라를 잡아챘다. 갑자기 소녀들은 서로의 사진을 빠르게 찍어대기 시작했고, 카메라는 손에서 손으로 오가며, 마치 움직임이 끊임없이 이어지는 것이 매우 중요한 일인 듯 보였다. 나는 그들과 그룹으로 같이 걷고 있었지만, 미소 짓는 얼굴들과 재미있는 포즈를 취하는 팔과 다리의 얽힘에서 제외되었다. 그들은 예고 없이 갑자기 속도를 줄이거나 멈췄다가 다시 이어가는 활동을 반복했다. 가끔씩 소녀들은 카메라 화면에 모여 찍은 사진을 봤지만, 자동 보기 모드 때문에 이미지는 단 2-3초만 나타났다. 하지만

빠르게 지나가는 이미지들이 그들에게는 전혀 방해가 되지 않았으며, 오히려 메트로놈처럼 움직임에 리듬을 부여했다. (p. 9)

쿨먼(Kullman 2012)은 이 순간 카메라가 단순한 표현 도구에서 놀이 안에서 순환하는 인공물로 변모하는 것을 관찰했다. 그녀는 "소녀들이 가끔씩 화면으로 사진을 보기는 했지만, 이 활동은 움직임과 일체감을 유지하는 데에만 의미가 있었다"(p. 9)라고 설명한다. 화면과 사진 저장 및 표시 기능 덕분에, 카메라는 다양한 역할을 자유롭게 오갈 수 있었다.

이 일화에서는 다층적 어셈블라지의 가능성이 제시된다. 몰(Mol 2002)은 "존재한다는 것은 관계 맺는 것이다"라는 말을 통해 "어떤 것도 단독으로 존재하지 않는다"(p. 54)는 점을 상기시킨다. 즉, 하나의 객체는 다른 사물과의 관계 속에서 존재하고 행위하며, 사물과의 관계가 변하면 객체도 변한다. 관계적이고 다층적인 존재론은 아이팟터치와 디지털 카메라가 하나 이상의 **존재**이자 **행위**를 수행할 수 있는 이유를 설명한다. 쿨먼(Kullman 2012)의 일화에서 화면은 관심 있는 활동의 일부이면서 현장 연구자로서의 위치도 가지고 있다. 굴레이와 올리버(Gourlay & Oliver 2016)는 아이팟터치로 생성된 시각적 이미지들이 면담을 위한 **비망록(aide memoire)**인지, 삽화인지, 혹은 그 자체로 분석의 대상인지 질문한다. 이미지가 다양한 실천에서 여러 역할을 수행한다는 사실은 하나 이상의 어셈블라지가 존재할 가능성을 시사한다. 이미지는 움직이므로 여러 어셈블라지를 오갈 수 있으며, 디지털 사물들이 연구 참여자이자 공동 연구자로서 활동할 수 있게끔 한다.

일곱 번째 휴리스틱(**번역 풀어내기**)은 비판적 연구자가 어떠한 종류의 질서화와 재질서화가 일어나고 있는지 질문하게끔 한다. 여섯 번째 휴리스틱(**미디어의 법칙 적용하기**)은 연구자가 작동 중인 여러 가지 긴장을 인식하는 데 도움을 줄 수 있다. 위 예시에서 아이팟터치를 일주일 내내 24시간 활동하는 현장 연구자로 간주하는 것은 에벌린 루퍼트 외(Ruppert et al. 2013)가 설명한 인간 전문가의 중심성을 벗어난 자료 생성 과정을 떠올리게 한다. 하지만, 인간 중심성의 탈피와 현장에서 디지털 기기가 수행하는 중단 없는 관찰이라는 특징은 여러가지 긴장을 유발한다. 기기들이 사적인 시공간에 침투함에 따라, 의도한 것보다 더 많은 것이 드러날 수 있다. 디지털은 윤리적 경계에 대한 감시를 복잡하게 하고, 디지털 이미지, 비디오, 텍스트가 예상치 못한 순간에 화면에 나타날 가능성을 증가시킨다. 그럼에도 불구하고, 무엇인가를 드러낼 수 있는 이미지의 능력은 연구에서 디지털 카메라를 사용하는 주된 이유이기도 하다. 아이팟터치를 사용하는 인간 연구 참여자는 디지털화된 회화적 모습을 생성할 수 있으며, 구도화 혹은 잘라내기나 확대하기에 따라 이전에 보여지지 않았던 세계의 일면을 드러낼 수 있다. 동시에, 디지털 시선의 대상은 시각 자료로 고정되어, 즉각적으로 유통, 번역, 변형 가능한 파일로 변환된다.

디지털 자료는 손으로 쓴 현장 일지와는 비교할 수 없을 만큼 빠른 이동성과 광범위한 사회적 삶을 다루는 능력을 가진다. 이렇게 확장된 이동성은 전통적인 연구자-참여자-자료 관계를 넘어 더 많은 이탈과 변동의 가능성을 창출한다. 이제 다양한 도구들을 사용하여 단순히 버튼을 누르거나 마우스 클릭 한 번으로 이미지를 열람, 전송, 복사, 공유, 절단, 수정, 삭제할 수 있다. 이러한 관계의 재구성으로 연구자는 작업 역량의 강화와 저하를 동시에 겪고 있다는 증거도 있다. 일곱 번째 휴리스틱(**번역 풀어내기**)에 따른 면담 질문은 이번 절에서 묘사된 실천에서 구현된 부수적 현실에 초점을 맞춘다. 역량 저하는 일부 연구 실천, 특히 현장 연구가 디지털 공동 연구자에게 위임될 때 발생할 수 있다. 동시에 역량 강화도 일어날 가능성이 있다. 디지털 공동 연구자와 접속하고, 이렇게 생성된 암호화된 자료와 협력하는 것은 선택, 배열, 설명, 주석 삽입, 집계, (재)사용, 조직, 해석, 저장, 삭제를 포함, 디지털 객체 관리(Barrett 2012; Flanders & Munoz 2012)와 디지털 큐레이션 역량들이 요구된다. 역량 저하와 강화 사이의 긴장에 대해서는 5장에서 더 상세히 다룰 것이다.

아이팟터치를 연구 **맥락 안에서** 분석하기 위해 행위자 따라가기, 번역 풀어내기와 같은 객체 면담 휴리스틱을 적용하였고, 이를 통해 기술이 연구 실천에서 예기치 않게 새로운 윤리적 긴장과 책임을 가져올 수 있음을 이해하였다. 아이팟과 같은 기기에게 공동 연구자라는 지위를 부여하는 것은 인간이 유일한 행위성을 가진다는 인본주의적 가정을 일시적으로 보류하게 하여, 분산되고 복잡한 수행의 층위를 드러내는 데 기여한다.

자료의 사회물질성

디지털은 자료와 관계 맺는 새로운 방식, 종종 더 복잡한 방식을 야기한다. 지금까지 연구 실천이 소프트웨어 및 디지털 기기들과 점점 더 밀접하게 얽혀 가는 과정을 살펴보았다. 이제 자료의 생산, 조작, 분석, 표현에 초점을 맞춘다. 모든 자료는 연구에서 당연하게 여겨지는 행위자 중 하나이지만, 여기서는 디지털 자료에 특별히 관심을 둔다. 자료의 디지털화는 이동성과 수행성을 증폭시켰다. 텍스트, 이미지, 숫자 등의 작은 단위들은 분산되고, 공개되고, 조각나고, 여러 순환 속에서 얽혀진다. 엑스(옛 트위터) 스트림과 해시태그, 온라인 사진 사이트, 페이스북 업데이트, 온라인 평가와 리뷰, 위키 항목, 블로그 게시물, 문자 메시지, 아카이브된 자료의 실시간 집계 또는 시각화 등을 떠올려 보자. 이러한 자료는 칼리니코스 외(Kallinikos et al. 2010)가 묘사한 경계가 없고, 명확하지 않고, 분산되고, 끊임없이 변화하는 디지털 객체의 특성과 맞아떨어진다.

포스트휴먼 관점에서 자료는 그 자체로 독립된 사물이라기보다는 관계의 효과로 이해된다. 스티글러(Stiegler 2016)는 다음과 같이 지적하였다.

> 디지털 객체는 철저히 관계적이다. 그러한 점에서, 객체의 가능성을 조건짓는 GML, SGML, HTML, XML과 같은 마크업 언어의 규범과 표준은 사회기술적 인공물들과 함께 디지털 장(milieu)을 구성한다 (p. ix)

자료는 연구 과정에서 한 단계에서 다음 단계로 이동하는 구체적이고 경계가 명확한 객체가 아니라, 끊임없이 재-행위되는 관계의 결과로 이해될 수 있다. 자료는 관계 속에서 특정 순간에 무엇이 **된다**. 라투르(Latour 2005)의 이론에 따르자면, 자료는 행위자-네트워크로 간주될 수 있으며, 다양한 시공간에서 온 행위자들이 얽혀 있는 다층적인 관계의 미로에 포함되어 있다. 잉골드(Ingold 2012a)의 사상에 따르면, 자료는 그물망으로 볼 수 있으며, 자료는 움직임의 선으로 개념화되고, 자료 어셈블라지는 이동하면서 즉흥적으로 경로를 만든다.

"디지털 자료"란 디지털 방식으로 변환된 연구 자료, 즉 이진수로 변환된 자료나 디지털 방식으로 생성된 자료를 의미한다. 여기에는 워드 문서로 작성된 면담 전사본부터 온라인 활동이나 기기 센서를 통해 생성된 흔적, 기록, 데이터 로깅까지 포함된다. 이러한 자료는 다른 행위자와 결합됨으로써 다른 존재가 **된다**. 예를 들어, 위키나 블로그 게시물은 스크린 캡처로 재물질화되거나, 워드 문서의 인용문으로 사용되거나, 에버노트(Evernote)에 온라인링크(URL)로 저장될 수 있다. 각각의 행위는 이미 인코딩된 자료를 다시 인코딩하는 과정을 수반한다. 자료는 엔비보 소프트웨어를 통해 이동하거나, 시각화 소프트웨어를 통해 처리되거나, 드롭박스에 업로드된 파일로 공유되거나, 파워포인트 프레젠테이션의 직접 인용문으로 변환되는 과정에서 **다르게 된다**. 자료는 **생동감** 넘치며(Savage 2013), 다양한 사회적 삶을 갖는다. 올리코프스키와 이아코노(Orlikowski & Iacono 2001)의 IT 인공물에 대한 묘사는 디지털 자료에도 효과적으로 적용될 수 있다. 디지털 자료는 "취약하고 조각난 구성 요소로 이루어져 있으며, 이들의 상호 연결은 부분적이고 일시적이라, 협력하기 위해서는 연결, 통합, 접합(articulation)이 필요하다"(p. 131).

디지털 자료는 생성적이고 활력적이다. 오늘날 디지털 자료는 어디에나 존재하며 종종 "빅데이터"로 불리기도 하지만, 거의 항상 블랙박스화되어 있다. 자료와 관련된 논의는 학계 연구자들만의 영역을 넘어서고 있다. 일상생활의 데이터화가 증가하는 현상은 크라우드소싱된 자료와 예측 분석학을 바탕으로 한 의사결정, 온라인 활동의 흔적들이 글로벌 데이터베이스에 축적되는 방식, 개인의 활동을 수치화하는 만연한 메커니즘, 그리고 자료 소유권의 개방성과 윤리가 점점 더 공공의 논의 대상이 되는 것을 통해 관찰할 수 있다. 일상적인 업무, 학습, 생활 활동은 상당량의 디지털 자료를 생성하는데, 그중 일부는 우리가 알고 접근할 수 있지만 많은 부분은 그렇지 않다. 비어와 버로스(Beer & Burrows 2013)는 "대중문화 참여의 새로운 형태에 의해 부산물로 생성된 자료"(p. 49)에 주목한다. 헤일스(Hayles 2006)는 "대부분이 기계들 사이에서 발생하는 데이터 흐름의 거대한 피라미드"(p. 161)를 인정하며, 인간이 그 속에서 다수의 행위자 중 하나로 포함된다고 언급한다.

우리는 현재, 자료의 역설 속에 살고 있는지도 모른다. 디지털 자료는 그 어느 때보다 널리 퍼져 있고, 생동감 있게 존재하지만, 공공 및 민간 부문에서 글로벌 데이터베이스를 관리하는 강력한 행위자와 대규모 데이터 집계 기관에 의해 더 많이 포착되고 블랙박스로 감춰진다. 디지털 자료의 새로운 어셈블라지가 무대 중심에 등장하면서, 연구의 규모, 이동성, 공간도 급격히 재구성되고 있다. 이러한 변화의 일부를 살펴보기 위해, 소규모 학습 분석 연구 프로젝트에서 사용된 시각화 소프트웨어의 사례를 보자.

시각화된 자료의 다양한 사회적 삶

온라인에서 활발하게 이루어지는 전문적 혹은 개인적 상호작용을 통해 생성된 방대한 흔적과 기록 자료는 이를 수집, 분석, 시각화하는 새로운 방식을 가능하게 한다. 예를 들어, 무들(Moodle)이나 블랙보드(Blackboard)와 같은 가상 학습 환경에서 일어나는 인간들과 디지털 사물들 간의 상호작용을 생각해 보자. 이러한 디지털 흔적은 쉽게 기록되고 저장된다. 토론 포럼에 올린 게시물 수와 같은 소규모 자료에 대한 비교적 단순한 분석은 오랫동안 온라인 학습 관리 시스템(learning management system)의 기능 중 하나였다. 그러나 빅데이터에 대한 관심이 급증함에 따라, 이제는 일반적인 학습 관리 시스템에서도 보다 심층적이고 정교한 분석을 생성하려는 노력이 증가하고 있다.

톰슨은 오픈(oPEN) 프로젝트의 연구자 중 한 명으로, 이 프로젝트는 대학과 지역 교육청의 파트너십을 통해 온라인 네트워크 공간을 개발하고, 석사 수준의 학습을 촉진하며, 현직 전문가, 대학 강사, 지역 교육청에서 모집된 상급 교사를 연결해 주는 것을 목표로 했다. 아래 사례는 안나 윌슨 외(Wilson et al. forthcoming)의 연구를 기반으로 한다. 연구팀은 프로젝트에 사용된 블랙보드(Blackboard) 학습 관리 시스템에서 강사들이 쉽게 얻을 수 있는 자료를 사용하여 일련의 분석을 실시했다. 여기서는 토론 포럼 게시물과 온라인 정보 클릭 수를 분석하는 작업에 초점을 맞춘다. 학습 관리 시스템의 제한된 분석 기술 때문에 연구팀은 블랙보드에서 생성된 디지털 흔적을 시각화하고 분석하기 위해 외부 소프트웨어를 활용해야만 했다. 이에 그들은 마이크로소프드 엑셀(Excel)에서 작동하도록 설계된 노드엑스엘(NodeXL)이라는 오픈 소스 네트워크 분석 및 시각화 소프트웨어를 사용하였다.

자료가 블랙보드에서 노드엑스엘로 바로 이동한 것이 아니라, 엑셀을 거쳐 경로를 우회하는 방식을 포착할 수 있었다. 엑셀에서 생성된 스프레드시트에는 블랙보드에서 내보낸 자료에 수동으로 입력된 자료가 포함되었다. 엑셀은 자료를 정리하고 노드엑스엘에서 작업할 수 있도록 준비하는 중간 단계의 공간 역할을 했다. 여기서 자료는 정렬되고, 불필요한 부분은 필터링되며, 압축되고 재작성되었다. 노드엑스엘에서는 자료가 특정 형식으로 입력되어야 했는데, 노드와 선이 결정되고 명확하게 구분되어야 했다. 이어서 자료는 분석되고, 드롭다운 메뉴, 보고서, 필터, 알고리즘을 통해 시각적으로 표현되었으며, 조회 수에 따라 기호의 크기가 달라지는 방식과 같이 다양한 레이아웃의 이미지들을 만들어 냈다. 즉, 노드엑스엘에서 자료는 블랙보드와 엑셀에서 처리된 방식과는 분명히 다르게 작동하고 다루어졌다.

분명 처음에는 엑셀이 모든 자료를 보유하고 있었지만, 자료는 끊임없이 이 소프트웨어의 공간을 넘어 흘러갔다. 한 번에 소량의 자료만 노드엑스엘로 입력될 수 있었는데, 이에 연구자는 네트워크 그래프 같은 특정 시각화 이미지, 엑셀 스프레드시트에서 추출한 흔적 데이터, 온라인 강좌 내 실제 토론 포럼 사이를 끊임없이 클릭하며 왔다 갔다 해야 했다. 이는 다양한 **되기**(becomings)와 **하기**(doings)를 자료와 **함께** 계속해서 반복하는 느낌이었다. 어떤 시점에는 토론 포럼의 모든 게시물들을 출력해서 가위와 풀을 사용하여 사무실 벽에 다시 조립, 다른 형태의 시각화를 제공하였다. 토론 포럼의 텍스트는 워들스(Wordles)라는 소프트웨어로 변환되기도 하였는데, 이 과정에서는 어떤 텍스트를 포함할지 또는 제외할지뿐만 아니라, 모양, 크기, 색상과 같은 그래픽 요소를 결정해야 하기도 했다.

어떤 작업이 이루어지고 있는 것일까? 시각화 소프트웨어의 핵심 분석 작업은 패턴과 변칙을 탐색하는 것이다. 마이크 새비지(Savage 2015)는 집합적 패턴을 구별하려는 욕구가 워드 클라우드나 사회 관계망도(sociograms)와 같은 시각화에 대한 새로운 관심을 불러일으켰다고 말한다. 그는 "텍스트 해석학의 인과 통계"보다는 "시각적 미학"을 통해 사회를 재구성할 수 있는 새로운 가능성을 제시하며, "일별(glance)"의 재등장을 선언한다(Savage 2015, p. 308). 비록 오픈 프로젝트의 자료는 오늘날의 "빅"데이터에 비해 "작은" 자료일지라도, 자료가 거치는 여러 번역 과정을 엿볼 수 있다.

위 예시에서의 디지털 자료는 일관되고 통일된 객체와는 거리가 멀다. 오히려, 끊임없이 변화하는 어셈블라지로, 일부 행위자는 떨어져 나가고 다른 행위자는 새롭게 결합되는 특성이 있다. 블랙보드에서 생성된 원래의 디지털 흔적은 이미 학생-교수-기기-네트워크-학습 관리 시스템 서버-디지털 자원 등으로 구성된 복잡한 어셈블라지를 포함하고 있다(Wilson et al. forthcoming). 자료가 블랙보드에서 엑셀을 거쳐 노드엑스엘로 혹은 종이-풀-벽과 같은 다른 어셈블라지로 이동할 때, 행위자를 따라가며 이동하고 변형되는 번역과 연결을 엿볼 수 있다(Latour 2005). 데이비드 리베스와 스티븐 잭슨(Ribes & Jackson 2015)은 그들의 연구에서, 이러한 "작은 전환" 중 어느 순간에도 "자료가 다시 다루기 힘든 무질서한 덩어리로 변할 위험"(p. 163)이 있음을 관찰했다.

자료가 다른 소프트웨어 공간으로 이동하고 다른 알고리즘을 마주하는 번역의 과정에서 몇 가지 작은 조정만 이루어지는 것이 아니다. 각각의 소프트웨어 공간은 자료가 다른 행위자와 함께 혹은 이를 통해서 이야기할 수 있는 가능성에 변화를 불러온다. 자료는 하나의 분석 네트워크에서 다음 네트워크로 이동하는 경계지어진 존재로 남아 있지 않는다. 서로 다른 소프트웨어 공간에서 자료 어셈블라지의 상이한 부분들이 두드러지고, 다른 부분들은 희미해진다. 이처럼 흔적 자료는 각각의 어셈블라지에서 다르게 변형된다. 여덟 번째 휴리스틱(**응답과 경로 추적하기**)에서처럼 자료를 움직임의 선으로 간주한다면, 자료 어셈블라지가 새로운 행위자들과 연결되기 위해 기존의 행위자들이 사라지는 동안 새로운 행위자를 찾아 나서는 것을 관찰할 수 있다. 일부 자료를 시각화 그래픽으로 고정한다고 해서 그 움직임이 멈추는 것은 아니다. 오히려, 자료는 다른 무언가로 변하며 새로운 움직임을 시작한다.

이와 같은 방식으로 생성된 시각화 이미지는 닫힌 시스템으로 취급될 수 없다. 배티 외(Batty et al. 2015)는 비공간적 자료 시각화를 "네트워크 및 다양한 통계 그래프를 전시하는 방법"(p. 247)으로 설명하며, 이는 하드웨어, 소프트웨어, 실시간 자료 스트리밍의 교차적인 발달과 추세에 의해 촉진된다고 언급한다. 오픈 프로젝트의 연구자는 네트워크 그래프 형태의 시각화 이미지를 독립적인 파일로 저장해야 했는데, 이는 동일한 자료를 사용하고 동일한 알고리즘을 적용하더라도 특정 네트워크 그래프를 동일하게 재현할 수 있을지 장담할 수 없었기 때문이다.

디지털 자료는 극적인 번역을 겪으며 다양한 어셈블라지에 통합되어, 이동하고 작동할 수 있게 된다. 예를 들어, 학생의 온라인 클릭 정보는 온라인 활동 패턴을 보여 주는 시각적 네트워크 그래프로 변환된다. 이러한 패턴은 다른 학생들의 활동 패턴과 비교할 수 있다. 자료 어셈블라지는 활기차며, 여러 종류의 자료는 다양한 현실을 수행하는 것처럼 보인다(예를 들어, Mol 2002). 하지만 자료 어셈블라지의 모든 행위자가 이동성을 갖는 것은 아니다. 예를 들어, 위키에 기여한 것은 기록되지 않으며, 블랙보드의 제한된 분석 기술 때문에 수집할 만한 디지털 흔적이 생성되지 않을 수 있다. 이 경우, 자료는 보이지 않게 된다.

자료의 원본이 무엇인지, 원시 자료가 어디에 있는지 정확히 짚어 내기는 어려워진다. 자료는 정확히 어디에서 생성되는가? 학생들이 온라인 강좌에서 클릭하고 게시한 기록이 자료인가? 엑셀 스프레드시트의 행인가? 노드엑스엘의 노드와 선들인가? 아마도 **자료는 복수**(multiple)**라고** 생각하는 것이 더 도움이 될 것이다. 이러한 관점에서 보면, 다양한 움직임의 선들이 존재하며, 그중 일부는 더 강력하거나 설득력이 있다. 여기서 디지털 자료는 끊임없이 디지털 자료로 수행하기 위해 노력한다. 사실, 자료는 스스로 수행하고 있다. 자료가 다른 행위자들과 연결되거나 다른 어셈블라지로 이동할 때는 다른 작업을 수행하게 된다. 리베스와 잭슨(Ribes & Jackson 2015)은 자료의 전이가 선형적이라고 가정하는 위험성, 즉 자료에 시작과 끝이 있다는 믿음의 위험성을 다음과 같이 강조한다.

> 우리는 종합과 자동화의 시대에 살고 있다고 스스로에게 말한다. 이런 관점에서 보면, 원시 자료는 조립을 기다리고 있다 … 클릭. 자료 저장소에서 컴퓨팅 센터로 전달되며, 21세기의 분석 엔진들은 통계, 그래프, 그리고 우리가 아직 생각하지도 못한 수많은 질문에 응답하기 위해 점점 더 정교한 시각화를 만들어 낸다. (p. 164)

그들은 자료에 대한 또 다른 서사가 있다고 주장한다. "그들의 존재와 서로와의 조합은 자료의 생산, 운영, 관리에 전념하는 인간, 도구, 실천의 복잡한 어셈블라지에 의존, 즉 변덕스러우며 섬세한 살아 있는 존재에 대한 서사"(Ribes & Jackson 2015, p. 164)이다.

연구의 사물과 대화하기

이 장에서는 휴리스틱을 오늘날 연구에서 사용되는 디지털 도구에 반성적으로 적용하는 방법을 보여 주었다. 두 가지 도구와 면담을 진행하며, 디지털이 연구 실천을 어떻게 재매개하고 상호 형성하는지 비판적으로 탐구했다. 또한, 디지털 자료가 무엇이며, 연구 활동에서 어떻게 "되어가는지"를 간략히 살펴보았다. 잉골드(Ingold 2012b)는 "재료를 이해한다는 것은 그들의 역사를 이야기하는 것인데, 그것이 무엇을 하고, 특정 방식으로 다뤄질 때 어떤 일이 벌어지는지에 대해 말할 수 있음을 의미한다"(p. 434)라고 썼다. 이는 사물과 대화하는 방식이다.

모든 실천가의 전문성은 현대의 특수 장비에 크게 의존하며, 이러한 장비의 즉각적인 가용성은 특수한 작업 수행과 밀접하게 연결되어 있다. 인트로나(Introna 2007)는 결정과 행동이 기술에 위임되곤 하는데, 이는 편리하거나 필요하기 때문이라고 지적한다. 하지만 그는 우리가 항상 생각하는 것보다 더 많은 것을 기술에 위임하고 있다고 덧붙인다. 새로운 기술이 제공하는 유용성, 효율성, 편리성의 이점을 즉각적으로 인식할 수 있지만, 우리의 존재 방식에 대한 미묘한 변화는 이후 성찰에 의해서만 나타날 수 있다. 연구 실천에서 디지털 기술에 대한 위임은 점점 더 두드러진다.

연구자의 사고, 존재, 행동 방식이 점점 더 디지털 물질성에 의해 공유되고 분산되며 지원됨에 따라, 새로운 인식론적, 윤리적, 존재론적, 정치적 고려 사항이 등장하게 된다. 최신 기술을 연구 프로젝트에 도입하는 것이 합리적인 실천처럼 보일 수 있지만, 좀더 면밀히 살펴보면 복잡한 그림이 드러난다. 오늘날 많은 연구자들(Burrow & Beer 2013; Lupton 2015; Prinsloo et al. 2015)은 사회과학 연구 실천이 디지털적으로 더욱 정교해져야 한다고 주장하고 있다. 객체 면담은 연구 실천에 연관된 디지털 사물들과 연구의 공진화 작업을 보다 비판적으로 성찰할 수 있게 해 준다.

CHAPTER 05

포스트휴먼 합류성

CHAPTER 05

포스트휴먼 합류성

초록

마지막 장에서는 오늘날의 전문적인 일과 학습 실천에서 중요해진 다섯 가지 포스트휴먼 혹은 디지털 합류성을 다룬다. 특히, 연구와 관련된 작업에 초점을 맞춰 포스트휴먼 윤리 개발과 사고, 존재, 행위의 변화 예측, 업무 실천의 탈숙련화와 재숙련화에 대한 재고, 디지털 자료 다루기, 그리고 디지털 정치에 대해 질문하기와 같은 주제들을 논의한다. 우리는 이러한 휴리스틱이 정치적, 사회적, 정책적 측면에서 광범위한 영향을 미칠 수 있는 새로운 전문적인 책임들을 다루는 데, 핵심적 역할을 할 수 있음을 제안한다.

주요어: 디지털 합류성, 디지털 자료, 포스트휴먼 윤리

디지털 기술은 전문적이고 개인적인 세계에 끊임없이 변화와 조정을 촉발해 왔다. 이러한 영향에서 자유로운 인간은 거의 없다. 교육자는 1인 1기기 교실, 모바일 학습, 학습 분석과 씨름하고, 의료 전문가는 점점 더 복잡해지는 진단 도구, 모니터링 기기, 건강 정보학에 의존한다. 인문학

및 사회과학 연구자는 구글 스칼라에서 질적 자료 분석 소프트웨어에 이르기까지 증가하고 있는 컴퓨터 및 통신 기술을 활용해 연구를 수행한다. 디지털은 정보의 형태, 자료 생성 속도, 지식 접근 방식 뿐만 아니라, 오늘날 사고하고, 일하고, 학습하고, 사회적 관계를 맺고, 살아가는 방식을 근본적으로 변화시키고 있다.

연구자와 실천가 모두 더 이상 "기술은 단지 도구일 뿐"이라고 자신있게 주장할 수 없게 되었다. 그렇다고 명확하게 선을 그어 버리면 인류가 기술을 지배한다는 검증되지 않은 믿음을 은폐할 뿐 아니라, 물질적 객체를 무해하고, 중립적이며, 인간의 도덕 의지와 결정에 종속된 존재로 위치시킨다. 이 과정에서 기술과 인간의 개인적, 전문적, 사회적, 문화적, 정치적, 영적, 윤리적 정체성과 실천에 대한 복잡한 상호작용과 영향을 둘러싼 중요한 질문들은 침묵된다. 오늘날의 삶에서는 인간 활동을 지원하고, 정보를 제공하며, 때로는 근본적으로 이를 변화시키는 디지털 기기의 확산이 심화되고 있다. 점점 더 많은 인간들이 일상적 루틴, 지식 실천, 의사결정을 소프트웨어 프로그램, 대규모 데이터베이스, 알고리즘, 글로벌 연결망에 외주화하여 대신 수행하도록 하고 있다. 이러한 상황에서 새로운 요구, 책임, 윤리적 긴장이 등장하고 있다. 오늘날 일어나는 많은 일들 중심에 있는 디지털은 단순한 "도구" 그 이상이다.

이 책은 사물, 특히 디지털 사물에 관한 것이다. 이 책은 사물로 돌아가자는 요청으로 시작하였다. 사물이란, "인간이라는 체를 통해 너무도 철저하고, 즉각적이며, 효율적으로 걸러져 버려서 우리가 그 존재조차 인식하지 못했던 풍부한 세계"(Bogost 2012, p. 3)이다. 이 과정을 통해 일상적 삶과 전문적 실천이 언제나 사물과 긴밀하게 얽혀 있음을 추적하며, 우리 안과 밖의 사이보그를 수용할 수 있기를 희망했다. 사실, 인간은 언제나 누구(who)이자 무엇(what)이었다.

> 만약 인간이 유기적으로 조직된 물질이라면, 그것을 **누구**라고 한다면, 인간과 환경(즉, 유기적이든 무기적이든 일반적인 물질)과의 관계는 오르가논(organon)에 의해 매개된다. **오르가논**은 조직화되었지만 무기적 물질로 지시적 역할을 하는 도구, 즉, 도구 **그 자체**가 역할이자 다름 아닌 **무엇**이 된다. 이런 의미에서 **무엇**은 **누구**를 발명하는 동시에 '누구'에 의해 발명되기도 한다.
>
> (Stiegler 1998, p. 177)

이와 같은 포스트휴먼적 이해를 채택할 때, 인간('누구')과 비인간('무엇')을 구분짓는 명확한 경계를 약화시킬 수 있고, 한순간이나마 "데카르트적 사고 습관"(Barad 2003, p. 806)을 내려놓을 수 있다. 그 과정에서 생각하고, 존재하며, 행동하는 방식을 통해 지속적으로 포스트휴먼 되기가 기술과 밀접하게 연관되며, 기술에 의해 지원되며, 본질적으로 기술과 함께 상호 구성된다는 사실을 발견하게 된다.

여덟 가지 객체 면담 휴리스틱은 ANT, 현상학, 혹은 이와 관련된 접근법에서 도출된 것으로, 오늘날 포스트휴먼 세계에 대한 탐구를 시작할 수 있는 지점을 제공한다. 이 책 전반에 걸쳐 사물과 대화하고, 사물에 대해 질문하며, 각 사물이 개인적, 전문적 삶에서 어떠한 기여를 하고 있는지 비판적으로 탐구하는 방법을 보여 주었다. 첫 번째 네 가지 휴리스틱인 일화 수집하기, 행위자 따라가기, 사물의 초대적 성질에 귀 기울이기, 고장, 사고, 이상 현상 살펴보기는 연구자와 실천가가 자신을 둘러싼 환경에 주의를 기울이고, 사물이 무엇을 말하고 무엇을 하고 있는지 조율하도록 요구한다. 두 번째 네 가지 휴리스틱인 인간-기술-세계 관계의 스펙트럼 분별하기, 맥루한 부자(McLuhan & McLuhan 1988)의 "미디어의 법칙" 적용하기, 번역 풀어내기, 응답과 경로 추적하기는 우리가 드러낸 실천의 매체성과 물질성을 분석하는 다양한 방법에 초점을 맞추었다. 이 책에서 제시된 객체 면담 휴리스틱은 단계별 레시피를 담은 요리책이 결코 아니다. 이 책이 완벽한 로드맵이 아니라 오늘날 포스트휴먼 지형을 비판적으로 탐구하기 위한 나침반으로 활용되기를 바란다.

이어서 교육학 및 사회과학 분야에서 최근 수행된 실증 연구 사례들을 분석하며, 질적 연구 실천의 디지털 지형을 조사해보았다. 새비지(Savage 2015)는 "사회학자들은 디지털을 연구의 중심으로 여기기보다 연구 대상으로 다루는 것이 더 쉽다고 느낀다"(p. 308)라고 지적하였다. 이러한 딜레마를 4장에서 엔비보와 아이팟을 대상으로 한 객체 면담을 통해 다루었으며, 디지털 기술과 그것들이 생성하는 자료가 연구 실천과 지식 구성 과정에서 **공동 연구자**의 역할을 수행하는 방식을 살펴보았다. 이러한 참여는 필연적으로 새로운 긴장과 모순을 초래한다.

새로운 합류성

인간과 사물의 지속적인 몰입적 얽힘은 오늘날 전문적인 실천에서 중요하게 여겨지면서 점점 더 정교해지고 있는 디지털 유창성에 대한 질문을 제기한다. 이전 저술(Thompson 2015b; Thompson & Adams 2014)에서 우리는 "문해력(literacies)"보다는 "유창성(fluencies)"이라는 용어를 선택했다. 이는 기술에 대한 협소한 개념을 넘어, 오늘날 인간-기술-세계의 다양한 상호작용과 조응에서 요구되는 전문성, 비판성, 반응성, 창의성, 인식론적 혹은 윤리적 문제를 지칭하기 위해서였다. 하지만 포스트휴먼 맥락에서 우리는 이제 유창성이 아닌 다른 용어를 사용할 필요성을 느낀다. 다름 아닌 **합**류성(**con**fluency)이다. 디지털 합류성은 디지털과의 새로운 통합 및 흐름을 통해 일어나는 상호 구성적 배열을 강조한다. 합류성은 단순히 새로운 기술을 사용하는 방법을 아는 것에 그치지 않는다. 오히려, 지식 실천의 복잡한 안무 속에 얽힌 수많은 인간과 비인간의 존재를 인정한다. 이와 유사한 관점에서 녹스와 베인(Knox & Bayne 2013)은 전통적인 인간의 숙달 또는 "기술(skill)" 기반의 디지털 문해력에 대한 이해에 문제를 제기하며, 전문적인 실천은 "항상 이미 복합적인 사회물질적 어셈블라지에 얽혀 있으며, 인간의 참여는 부분적이고, 환원 불가능하며, 때로는 소박하게 나타난다"(p. 13)고 주장한다. 아래에서는 인문학 및 사회과학 연구에 초점을 맞춰, 전문적 실천에서 중요한 다섯 가지 합류성을 제안한다. 포스트휴먼 합류성은 비판적 사고와 논의를 위한 새로운 질문을 제기한다.

포스트휴먼 윤리 개발

우리의 포스트휴먼 탐구의 중심에는 윤리의 문제가 있다. 첫 번째 합류성은 연구자와 실천가로서 우리의 관심과 책임이 코드화된 물질성의 네트워크에 점점 더 분산되고 있다는 점을 직시하는 데 있다. 포스트휴머니즘은 누구와 무엇 사이의 경계가 가변적이고 유동적이며 불완전하다고 말한다.

예를 들어, 전문적 실천이 점점 더 소프트웨어 프로그램에 의해 공유되거나 외주화되고 있는 상황에서, 한 개인의 책임은 어디에서 시작해서 어디에서 끝나는가? 네트워크화된 이동성이 24시간 작동하면서 직장과 가정의 경계가 허물어질 때, 가족 생활과 개인 웰빙에 미치는 영향은 무엇인가? 교사가 학생과 소통하기 위해 페이스북을 사용하는 것처럼 일부 기술-인간의 얽힘은 의도적일 수 있다. 그러나 다른 경우 얽힘은 훨씬 더 미묘하고 보이지 않는 방식으로 작동해서, 페이스북이 수집한 빅데이터가 알 수 없는 제3자에 의해 활용되거나, 페이스북이 예상치 못한 방식으로 학생과 교사의 삶을 연결하는 것과 같이 "멀리 떨어진" 행위자들의 영향과 실천이 가까운 일상에서 나타날 수 있다.

시공간을 넘나들며 확장되는 가깝고도 광범위한 관여는 새로운 윤리적 긴장과 책임을 제기한다. 세계의 맥박이 손끝에서 느껴지는 시대에 우리의 도덕적 의무는 무엇인가? 행위자-네트워크 내에서의 행위성과 그 분산은 구글, 학습 분석, 대규모 데이터베이스와 같은 강력한 디지털 행위자들로 인해 더욱 복잡해지고 응축된다. 독점 알고리즘의 블랙박스 내부를 볼 수 없고, 설사 접근 권한이 주어진다 하더라도 이해하기 어려운 상황에서, 시민들은 어떻게 그 안에서 일어나는 일을 발견하고, 탐구하며, 비판적으로 논의할 수 있을까? 이러한 질문은 디지털 문제에 대한 논의에 참여할 수 있는 세계 시민의 필요성을 강조한다. 그들은 전보다 더 많은 정보와 교육을 받아야 한다.

연구 방법을 포함한 우리의 모든 실천이 필연적으로 수행적이고 세계를 구성한다는 사실과 오늘날 우리의 사고와 존재, 행위가 디지털과 그 프로그램에 이미 감염되어 있다는 사실을 인정한다면, 우리는 어떻게 책임감 있게 행동할 수 있을까? 존재론과 인식론이 밀접하게 얽혀 있고, 지식의 수행과 발견이 동시적이라면, 그러한 상황에서 윤리는 어떠한 모습이어야 할까? 해러웨이(Haraway 1991)는 초기부터 인간의 혼종적, 사이보그적 자아 문제를 다음과 같이 바라보았다.

> 현대 기술 과학이 제공하는 "눈"은 수동적 시각(vision)이라는 개념을 산산이 부순다. 보철 장치는 모든 눈, 심지어 인간의 유기체인 눈조차도 번역과 특정한 보기 **방식**, 즉, 삶의 방식이 담겨진 능동적인 지각 체계임을 보여 준다. 신체와 기계에 대한 과학적인 설명에서 매개되지 않은 사진이나 수동적인 카메라 암실은 없다. 놀랍도록 세밀하고 능동적이며 부분적인 방식으로

> 세계를 구성하는 상당히 구체적인 시각적 가능성만 존재할 뿐이다. 세계의 모든 영상은 무한한 이동성과 상호 교환성의 알레고리(allegories)가 아니다. 정교한 구체성과 차이에 대한 알레고리여야 하며, 상대가 기계일지라도 다른 관점으로 충실하게 보는 법을 배우기 위해 인간들이 취할 수 있는 애정 어린 관심에 대한 알레고리여야 한다. (p. 190)

우리는 매개되고 분산된 존재이다. 우리의 시각은 필연적으로 부분적이며, 기기 때문에 편향되기도 한다. 포스트휴먼 윤리를 개발한다는 일은 혼종적이고 네트워크화된 자아가 가지는 다층적인 함의를 다루는 것이다. 포스트휴먼은 디지털 기술을 채택하는 것이 단순히 향상된 "눈"을 받아들이는 것이 아니라, 고유한 관점을 지닌 알고리즘과 복잡한 의사결정 구조를 수용한다는 의미임을 안다. 디지털 기술처럼 우리 자신도 깊게는 지역적이고 넓게는 전 지구적으로 뻗어 있는, 침투할 수 없는 블랙박스와 같은 암실이다.

디지털 기술과 인간의 밀접한 관계, 그리고 얽히고 설킨 실천의 상태는 우리가 당연시해 온 이분법적 구분을 새롭게 재고해야 함을 의미한다. 이를 보여 주는 단순한 사례로 미국총기협회의 슬로건인 "총이 인간을 죽이는 것이 아니라, 인간이 인간을 죽인다"를 들 수 있다. 포스트휴먼 관점은 객체인 총과 주체인 인간 사이의 분리는 잘못된 것으로 보고 교정하고자 한다. 이 슬로건을 경계를 허무는 혼종적 개념으로 다시 표현하면, "총이 인간을 죽이는 것이 아니라, 총-인간이 인간을 죽인다"라는 문구가 된다. 이는 함께 조건짓는 혼종적인 상태를 강조한다. 하지만 새로운 슬로건이 총기 소유자에게서 도덕적 책임을 경감시키는 것이라고 상상하는 것도 오류이다. 카트린 티엘레(Thiele 2014)가 지적했듯, 혼종성은 행위성을 분산시킬 뿐 아니라 관련성을 증폭시키기도 한다. 행위성의 분산을 책임의 분산으로 동일시해서는 안 된다. 윤리는 독립적이고 자율적인 인간이라는 좁은 개념을 넘어, 데이비드 로든(Roden 2015)이 말한 네트워크화된 광범위한 인간(Wide Human)으로 향해갈 필요가 있다.

합류성의 근원에는 윤리가 항상 단절을 수반한다는 인식이 있다. 즉, 이것에는 예스, 저것에는 노라고 말하는 행위이다. 포스트휴머니즘은 주체/객체, 인간/비인간, 남성/여성, 자연/문화 등과 같이 서구 사상을 지탱해 온 수많은 당연시한 단절과 분할에 의문을 제기하고, 인간을 연결과 분리를 반복하는 유동적이고 네트워크화된 혼종들의 무한한 세계로 던진다. 이곳에서는 휴머니즘의 이분법이 더 이상 유효하지 않으며, 고전적 윤리는 표류한다. 포스트휴머니즘은 윤리적 기획이 새로운 기반을 찾아 새롭게 시작해야 한다는 것을 의미한다. 이러한 가치론(axiology)은 존재론 및 인식론과 깊이 얽혀 있다.

사고, 존재, 행위의 변화 예측

두 번째 합류성은 디지털 기술이 동원하는 번역과 변형 가능성을 탐구한다. 포스트휴머니즘은 새로운 기술을 개인적 혹은 전문적 실천에 도입할 때마다 우리 자신은 어떤 방식으로든 진화한다고 말한다. 메를로-퐁티는 이를 "새로운 도구를 습득할 때 우리의 존재는 변화한다"(Merleau-Ponty 1962, p. 143)라고 설명했다. 예를 들어, 문해력를 논할 때, 확장되고 학습된 자아를 묘사하는 데는 **상호**-문해적(co-literate)이라는 표현이 더 정확할 것이다. 문해력은 책, 펜, 종이와 같이 읽기 및 쓰기 기술과 공유해 온 습관화된 해석학적이고 체화적인 관계에 의존하기 때문이다. 월터 옹(Ong 2005)의 연구는 읽기와 쓰기 기술이 인간의 의식을 재구조화한다는 점을 보여 준다. "사고의 명료성과 체계성은 글자를 쓰고 단어를 적는 구체적이고, 물질적이며 기계적인 실천의 등장에 의존한다"(Vlieghe 2014, p.

524). 그렇다면, 펜과 종이가 키보드와 워드 프로세서로 대체될 때, 인간의 사고는 무엇을 의미할까? 형광펜, 펜, 전사본이 엔비보의 코딩 전략으로 대체될 때 자료 분석은 어떻게 변할까? 새로운 기술을 도입할 때 우리는 반드시 새로운 기술이 우리의 사고, 존재, 행위를 어떠한 방식으로 변화시킬 것인가에 대해 질문해야 한다. 기술 채택이 단순히 효율성 향상을 넘어, 우리의 사고와 세계를 이해하는 방식에 근본적인 변화를 가져올 그 가능성을 탐구하는 데 초점을 맞추어야 하는 것이다.

연구 실천에 있어 데버라 럽튼(Lupton 2015)은 학계 안팎의 연구자들이 "디지털 미디어 분석 도구를 단순히 자료 수집에 활용하는지, 아니면 이러한 도구의 유용성을 문제 삼거나, 더 나아가 이러한 도구 및 디지털 플랫폼과 자료를 연구 대상으로 삼아 주목하고 있는지"(p. 65) 또, 그 정도에 대해 비판적으로 질문한다. 4장에서 엔비보와의 객체 면담은 엔비보 및 기타 질적 자료 분석 소프트웨어가 자료를 조직하고 분석하기 위한 규정된 기본값 틀을 제공하며, 이러한 틀이 연구자가 연구를 수행하는 방식에 명시적 혹은 암묵적 영향을 미친다는 점을 보여 주었다. 이와 관련하여, 자료 수집에 대해 다음과 같은 점을 유념할 필요가 있다.

> 쓰고 전사하는 실천으로서의 자료 수집은 세상을 돌아다니며 수집되기를 기다리는 것들을 단순히 "줍는" 중립적 행위가 아니다. 자료 수집 실천은 잘라내기라는 행위를 통해 세계를 구성하는 수행적 행동이다. 잘라내기가 중요한 것은 대표성이나 객관성이 필요하기 때문이 아니다. 우리가 "어떻게" 자르는가가 잘라내기가 구성하는 존재의 종류와 그 외 다른 것들을 조건짓기 때문이다. 이는 "코딩"과 "분석"의 행위에서도 마찬가지다.
>
> (Introna 2016, p. 3)

잘라내기는 나누고 분리하며, 분석하여, 이것이 아니라 저것이 더 가치 있다고 판단하는 행위이다. 따라서 연구 실천은 결코 중립적이지 않으며, 펜과 종이든 질적 자료 분석 소프트웨어든 이를 지원하는 기술 역시 중립적이지 않다. 연구 실천을 전체적으로 혹은 부분적으로 새로운 기술 환경으로 전환할 때 반드시 번역이 필요하다. "번역이란 배신하는 것이다. 모호성은 번역의 일부이다"(Latour 1996, p. 48). 그러나 이러한 종류의 번역이 항상 명확히 드러나는 것은 아니다.

파울루스 외(Paulus et al. 2014)는 연구자가 질적 자료 분석 소프트웨어 사용 중 겪는 좌절감은 프로그램의 어포던스에 대한 이해가 부족해서이지, 중요한 방법론적 불일치 때문은 아니라고 자신 있게 주장했다.

> 컴퓨터 보조 질적 자료 분석 소프트웨어(Computer-assisted qualitative data analysis software, CAQDAS) 소프트웨어 패키지에 대해 연구자 각자가 인식하는 한계는 원칙적으로 방법론적 비호환성보다는 개인의 분석 접근 방식에 기반한다. 대부분의 사용자는 소프트웨어의 기능을 완전히 인지하지 못하고 있어서 실망스러운 경험을 할 수 있다. (p. 117)

인간 중심적인 관점에 따르면, 질적 자료 분석 소프트웨어는 사용자에게 다양한 가능성을 제공할 뿐, 중립적이고 무해하다. 단지 "도구일 뿐" 이고 인간의 실천에 주요하게 부정적인 영향은 미치지 않는다. 그러나 포스트휴먼 관점은 **모든** 연구자는 자신의 방법론적 지향과 상관없이 새로운 기술의 도입으로 자신의 전문적 실천과 인식 방식에 필연적이고 잠재적이며 때로는 상당한 수정이 생길 수 있음을 인식해야 한다고 주장한다. 연구자의 반성적 성찰은 소프트웨어의 다양한 기능이 무엇인가를 묻는 것으로 끝나서는 안 된다. 길버트 외(Gilbert et al. 2013)도 다음과 같이 동의한다.

> 새로운 도구는 새로운 어포던스, 즉 새로운 기능과 기회를 제공하지만, 직접적이고 신중하게 다루어야 하는 윤리, 프라이버시, 재현과 관련된 함의를 수반하기도 한다. 현실적으로 오디오 및 비디오 녹음기에서 워드 프로세서나 메모 작성에 이르기까지 **모든** 도구는 연구 실천에 영향을 미친다. 따라서 연구 방법에 대한 성찰에는 적절한 도구의 신중한 사용에 대한 성찰도 포함되어야 한다. (Gilbert et al. 2013, p. 230)

하지만 여전히 "이러한 성찰(reflection)을 어떻게 수행할 것인가?"라는 질문이 남아 있다. 4장에서 제안한 방식을 따르자면, 객체를 면담하는 것은 연구자의 반성이라는 중요한 과업에 도움을 줄 수 있다. 휴리스틱을 활용하여, 연구자와 실천가는 "새로운 기술이 어떤 방식으로 인식론적 이해와 방법론적 정렬을 지원하고, 변화시키고, 약화시킬 수 있는가?"라는 질문을 할 수 있다. 이 책 전반을 통해 우리가 탐색한 포스트휴먼 연구 실천은 수행성을 가지고 있음을 알 수 있었다. 실제로, 이 책의 심사자 한 명은 휴리스틱의 사용을 통해 무엇이 수행되며, 이로 인해 어떤 설명과 산출물이 구성되고 생성되는지를 질문했다. 한 가지 생각할만 한 것은 "어셈블라지의 실천 개발하기"(Edwards 2012, p. 205)로 나아가기 위한 작업이다. 휴리스틱은 연구 실천의 수행과 재구성에서 인간인 우리를 조금 옆으로 옮겨서, 우리의 역할이 겸손한 공동 실천가라는 것을 상기시킨다.

업무 실천의 탈숙련화와 재숙련화에 대한 재고

이 지점에서 세 번째 관련된 합류성이 필요하다. 디지털을 연구하고, 디지털과 함께 혹은 통해 연구하며, 디지털적으로 생성 혹은 조작된 자료를 다루는 것은 새로운 능력과 지식을 필요로 한다. 새로운 기술을 채택하면 연구자와 실천가의 업무가 탈숙련화될 수도 있고, 재숙련화될 수도 있다. 탈숙련화(deskilling)는 전문적 실천이 점점 디지털 기술로 전가됨에 따라 발생할 수 있다. 이는 다섯 번째 휴리스틱(**인간-기술-세계 관계 스펙트럼 분별하기**)에서 다룬 상호수동적 배경 관계와도 연결된다. 하지만 새로운 배치는 탈숙련화만 일으키는 데 그치지 않는다. 소프트웨어와 하드웨어가 점점 더 정교해짐에 따라, 전문 언어, 그래픽 사용자 인터페이스, 새로운 상호작용 양식에 대한 유창성을 요구하기 때문에 재숙련화(upskilling)도 필요하다. 이는 다섯 번째 휴리스틱에서 다룬 해석학적 관계와도 관련된다.

인트로나(Introna 2007)는 위임의 유혹에 대해 설명한다. 인간은 항상 알아채는 것보다 더 많은 것을 기기에게 위임한다. 효율성이나 편리성에서는 그 이점을 즉각적으로 인정하지만, 지속적인 지식 실천이나 삶의 방식에서 나타나는 미묘한 변화를 감지하기는 훨씬 쉽지 않다. 세 번째 합류성은 이러한 실천의 변화에 어떻게 대응할 것인지에 초점을 맞춘다. 연구자의 작업을 성찰하면서, 폴 프린슬루 외(Prinsloo et al. 2015)는 미래의 연구자가 "통계학자, 수학자, 컴퓨터 과학자, 데이터베이스 관리자, 코더, 하드웨어 전문가, 시스템 관리자, 연구자, 탐구자 모두가 되어야 할 것인지, 아니면 무엇보다 빅데이터와 혼합 연구 과제 앞에서 보다 팀 기반의 접근 방식으로 전환해야 할 것인지"(p. 297)에 대한 질문을 던진다. 여기에 우리는 디지털 르네상스 시대의 연구자는 필연적으로 디지털 사물로 매우 복잡하게 구성된 팀과 협력해야 한다는 점을 덧붙이고자 한다. 그렇다면 오늘날과 미래의 노동자와 시민은 스스로 수행하게 될 진화하는 역할, 그리고 디지털이 스며들고 감염된 그들의 실천을 어떻게 이해하고 예측해야 할까?

디지털 자료 다루기

네 번째 융합성은 디지털 자료를 관계적이고 수행적인 것으로 이해할 때 나타나는 함의를 다룬다. 자료가 고정된 것이 아니라 생동적이고, 이동하며, 가변적이라는 것은 무엇을 의미하는가?

이 질문은 학계에 있는 연구자에게만 국한되지 않는다. 점점 더 우리의 모든 움직임과 제스처가 문법화(grammatized), 즉 디지털 자료로 변환되고 있다. 모든 거래는 기록되고, 모든 키 입력은 추적되며, 모든 이미지는 저장된다. 문법화된 자료는 프로그래밍, 계산, 이동을 위해 개방된다. 4장에서 우리는 자료가 관계적인 사물이라는 점을 살펴보았다. 자료는 언뜻 보기보다 더 혼종적이고, 파편화되어 있으며, 취약하다. 자료의 이동성이 자료를 저장한 후, 분석을 위해 멈추게 하고 굳히는 실천과 충돌할 때, 어떤 긴장이 드러나는가?

자료의 수행성은 추가적인 질문을 제기한다. 노먼 덴진(Denzin 2013)은 "자료는 결코 침묵하지 않으며, 목소리를 내고, 소란을 피우며, 행동하고, 연구자들에 의해 생성되거나, 정부나 연구비 지원 기관, 혹은 연구자가 소유하는 상품이 되는 것에 저항한다"(p. 354)라고 썼다. 덴진의 주장은 자료에 대한 인간의 지배권이라는 인본주의적 가정에서 벗어날 것을 촉구한다. 실제로, 자료의 질서화와 규율화의 상당 부분은 인간이 아닌 다른 디지털 사물들에 의해 이루어진다. 따라서 자료의 행위성은 수많은 인간 및 비인간 행위자들로 구성된 네트워크에서 공유되고 분산된다. 복잡하게 순환하는 자료를 다루는 방법을 배우는 것은 디지털 합류성의 한 가지 측면이다.

이러한 논의는 빅데이터와 보다 많은 자료를 채굴, 수집, 분류, 저장, 분석하는 데서 오는 중요하고도 부담스러운 어려움에 대한 논쟁으로 이어진다. 질적 연구자는 이러한 도전에 어떻게 대응할 수 있을까? 롭 키친

(Kitchin 2014)은 "빅데이터는 작은 자료를 대체하는 것이 아니라 보완해야 한다"(para. 9)라고 말하며, 빅데이터 연구에서 정교한 질적 작업의 필요성이 증가하고 있음을 시사한다. 그러나 질적 연구자에게는 빅데이터 작업을 보완하는 것 이상의 역할이 있다. 포스트휴머니즘 관점에 따르면 질적 연구자들은 (1) 디지털 자료가 무엇이며, 연구 과정에서 무엇이 되는지, (2) 자료의 이동성과 비이동성이 어떻게 변하는지, (3) 자료가 연구 실천을 어떻게 저항하거나 촉진하는지에 대해 기술하고 비판적으로 질문해야 한다.

디지털 정치에 대한 질문

디지털 행위자가 다양해지고 어디에나 존재하게 됨에 따라, 연구의 규모, 이동성, 공간은 분산되고, 대중화되며, 파편화되면서 근본적으로 재구성되고 있다. 새로운 공간적 구성은 탐색과 협상을 필요로 하며, 도전과 기회를 동시에 가져온다. 전문적 활동의 규모와 이동성은 변화하고 있으며, 이는 긴장과 기회에 대한 탐색을 요구한다. 로(Law 2004)는 실천가가 타자화(othering)의 혼란스러움에 주목할 것을 촉구한다. 그는 "물질은 관계적이다. 만들어지고 모이는 것은 부재하는 것들과 매개된 관계에 있으며, 대부분의 것을 타자화하면서 일부를 드러낸다"(p. 46)라고 지적한다.

다섯 번째 합류성은 유동적인 연구와 학습 실천 속에서 기술이 수행하는 정치적 역할에 주목한다. 즉, 이 과정에서 무엇이 배제되고, 주변화되며, 침묵하는가? 개념적 작업은 정치적 작업이다. 전문적이고 개인적인 존재와 행위 방식을 전개하는 데 있어 디지털의 역할에 대해 비판적으로 사고해 보는 것은 시기적절하다. 빅데이터를 둘러싼 열기를 되돌아보며 새비지(Savage 2015)는 "다른 사용자들과 마찬가지로 사회과학자들이 자료가 디지털화될 때나 컴퓨터화된 분석 방식을 사용할 때 자주 보이는 열정은 (디지털이) 복잡한 현상을 더 쉽게 조작할 수 있도록 이진법으로 분해하는 방식에 대한 것이다"(p. 304)라고 설명한다. 이 책 전반에서 설명했듯이, 포스트휴머니즘 관점에서 다양한 연구 실천을 생각한다면, 디지털 사물이 **행위**하듯이 새로운 연합이 형성되는 과정에서 무엇이 블랙박스화되고, 번역되며, 타자화되는지를 주의 깊게 살펴보아야 한다.

이 책에서는 명확한 지침, 다음 단계, 모범 사례로 결론을 내리기보다, 지속적인 논의, 후속 연구, 실천의 변화, 교수법 혁신, 직장, 사회, 교육 기관 전반의 정책 가능성과 대응을 위한 출발점으로 디지털 합류성을 제시한다. 합류성을 다루는 것은 디지털로 포화된 실천 속에서 방향을 찾아가는 한 가지 방법(Ingold 2000)이다. 이 책에서 제시된 휴리스틱을 활용하는 과정에서 독자는 이미 우리가 강조하는 디지털 합류성을 수행하고 있으며, 인간-기술-세계 관계와 그 관계가 전문적 실천과 일상 세계에 미치는 영향을 비판적이지만 신중하게 이해하는 방법을 기르고 있는 것이다.

맺으며

마지막으로 이 책에서 제시된 객체 면담 휴리스틱은 잠정적이며, 이 또한 번역되고 배반될 수 있는 물질성임을 상기하고자 한다. 몰(Mol 2010)은 ANT 관점에서 다음과 같이 설명한다.

> ANT에서 순환하는 용어와 텍스트는 상호 조정하는(co-ordination) 장치들이다. 그것들은 주제와 관심사를 한 맥락에서 다른 맥락으로 이동시킨다. 분석을 돕는 동시에 번역하고 배반한다. 독자의 감수성을 예민하게 하여, 여기

> 저기서 그리고 다른 곳에서 무슨 일이 일어나고 있는지, 어떤 변화가 일어나고 있는지에 대해 그들을 그리고 우리를 조율한다. 그들은 위에서 내려다보는 위치에서가 아니라 의사처럼 돌보고 손보며 어떤 방식으로든 개입한다.
> (pp. 265-266)

우리는 더 이상 어제의 인문학과 사회과학의 겸손한 목격자로 자처할 수 없다. 우리 모두는 새로운 기술을 통해 스스로를 동원하고 확장하며, 개인적이고 집단적인 실천을 재구성하고, 인간적인 의미가 담긴 기획을 진화시키는 과정에 참여하고 있다. 우리는 이 과정을 혼자서 하고 있는 것이 아니다. 이제 우리와 가장 가까이 있는 것, 바로 사물에게 인사를 건넬 때이다.

참고문헌

Aagaard, J. (2015). Media multitasking, attention, and distraction: A discussion. *Phenomenology and the Cognitive Sciences*, *14*(4), 885-896.

Abram, D. (1996). *The spell of the sensuous: Perception and language in a more-than-human world*. Vintage Books.

Achterhuis, H. (2001). *American philosophy of technology: The empirical turn*(R. P. Crease, Trans.). Indiana University Press.

Adams, C. (2006). PowerPoint, habits of mind, and classroom culture. *Journal of Curriculum Studies*, *38*(4), 389-411.

Adams, C. (2010). Teachers building dwelling thinking with slideware. *The Indo-Pacific Journal of Phenomenology*, *10*(2), 1-12.

Adams, C. (2012). Technology as teacher: Digital media and the re-schooling of everyday life. *Existential Analysis*, *23*(2), 262-273.

Adams, C. (2014). What's in a name? The experience of the other in online classrooms. *Phenomenology & Practice*, *7*(2), 51-67.

Adams, C. (2016). Programming the gesture of writing: On the algorithmic paratexts of the digital. *Educational Theory*, *66*(4), 479-497.

Adams, C. (forthcoming). Technology's hidden curriculum and the new digital pharmakon. In J. Jagodzinski (Ed.), *The precarious future of education: Risk and uncertainty in ecology, curriculum, learning, and technology*. Palgrave MacMillan.

Adams, C., & Pente, P. (2011). Teachers teaching in the new mediascape: Digital immigrants or "Natural Born Cyborgs"? *E-Learning and Digital Media*, *8*(3), 245-255.

Adams, C., & Thompson, T. L. (2011). Interviewing objects: Including educational technologies as qualitative research participants. *International Journal of Qualitative Studies in Education*, *24*(6), 733-750.

Adams, C., & van Manen, M. (2008). Phenomenology. In L. Givens (Ed.), *The SAGE encyclopedia of qualitative research methods* (pp. 614 - 619). Sage.

Adams, C., & Yin, Y. (2014). Undergraduate students' experiences of time in a MOOC: A term of *Dino 101*. In *Proceedings of the Eleventh International Conference on Cognition and Exploratory Learning in the Digital Age (CELDA)* (pp. 225-230). International Association for the Development of the Information Society.

Adams, C., & Yin, Y. (forthcoming). Things. *Phenomenology & Practice, 11*(2), 11-18.

Adams, C., Yin, Y., Vargas Madriz, F. L., & Mullen, C. S. (2014). A phenomenology of learning large: The tutorial sphere of xMOOC video lectures. *Distance Education, 35*(2), 202-216.

Agamben, G. (2000). Notes on gesture. In V. Binetti & C. Casarino (Trans.), *Means without end: Notes on politics* (pp. 49-62). University of Minnesota Press.

Agamben, G. (2009). What is an apparatus? In D. Kishik & S. Pedatella (Trans.), *What is an apparatus? and other essays* (pp. 1-24). Stanford University Press.

Anusas, M., & Ingold, T. (2013). Designing environmental relations: From opacity to textility. *Design Issues, 29*(4), 58-68.

Armitage, J. (1999). From modernism to hypermodernism and beyond: An interview with Paul Virilio. *Theory, Culture & Society, 16*(5-6), 25-55.

Badminton, N. (Ed.) (2000). *Posthumanism*. Palgrave.

Banerjee, B., & Blaise, M. (2013). There's something in the air: Becoming-with research practices. *Cultural Studies-Critical Methodologies, 13*(4), 240-245.

Barad, K. (2003). Posthumanist performativity: Toward an understanding of how matter comes to matter. *Signs: Journal of Women in Culture and Society, 28*(3), 801-831.

Barad, K. (2010). Quantum entanglements and hauntological relations of inheritance: Dis/continuities, spacetime enfoldings, and justice-to-come. *Derrida Today, 3*(2), 240-268.

Barker, J. (Director). (2011). *Marx reloaded* [Motion picture]. Films Noirs.

Barrett, K. (2012). Object lessons-curating in the 21st century. *Spoons on Trays*.

Batty, M., Gray, S., Hudson-Smith, A., O'Brien, O., & Roumpani, F. (2015). Visualizing spatial and social media. In P. Halfpenny & R. Proctor (Eds.), *Innovations in digital research methods* (pp. 245-270). SAGE.

Beer, D. (2012). Using social media data aggregators to do social research. *Sociological Research Online, 17*(3), 17(3), 91-102.

Beer, D., & Burrows, R. (2013). Popular culture, digital archives and the new social life of data. *Theory, Culture & Society, 30*(4), 47-71.

Bennett, J. (2015). Systems and things: On vital materialism and object-oriented philosophy. In R.A. Grusin (Ed.), *The nonhuman turn* (pp. 223-239). University of Minnesota Press.

Benso, S. (2000). *The face of things: A different side of ethics*. State University of New York Press.

Bogost, I. (2012). *Alien phenomenology, or what it's like to be a thing*. University of Minnesota Press.

Borgmann, A. (1984). *Technology and the character of contemporary life: A philosophical inquiry*. University of Chicago Press.

Borgmann, A. (1992). *Crossing the postmodern divide*. University of Chicago Press.

Braidotti, R. (2013). *The posthuman*. Polity Press.

Brey, P. (2000). Technology as extension of human faculties. In C. Mitcham (Ed.), *Metaphysics, epistemology and technology: Research in philosophy and technology* (Vol. 19, pp. 45-58). Elsevier.

Bruni, A. (2005). Shadowing software and clinical records: On the ethnography of nonhumans and heterogeneous contexts. *Organization, 12*(3), 357-378.

Burrows, R., & Beer, C. (2013). Rethinking space: Urban informatics and the sociological imagination. In K. Orton-Johnson & N. Prior (Eds.), *Digital sociology: Critical perspectives* (pp. 61-78). Palgrave Macmillan.

Callon, M. (1986). Some elements of a sociology of translation: Domestication of the scallops and the fishermen of St. Brieuc Bay. In J. Law (Ed.), *Power, action and belief: A new sociology of knowledge?* (pp. 196-233). Routledge & Kegan Paul.

Canguilhem, G. (2001). The living and its milieu (J. Savage, Trans.). *Grey Room, 3*, 6-31.

Clark, A. (2003). *Natural-born cyborgs: Minds, technologies, and the future of human intelligence*. Oxford University Press.

Conty, A. (2013). Techno-phenomenology: Martin Heidegger and Bruno Latour on how phenomena come to presence. *South African Journal of Philosophy, 32*(4), 311-326.

Crowther, S., Ironside, P., Spence, D., & Smythe, L. (2016). Crafting stories in hermeneutic phenomenology research: A methodological device. *Qualitative Health Research, 27*(6), 826-835.

Decuypere, M., & Simons, M. (2016). What screens do: The role(s) of the screen in academic work. *European Educational Research Journal, 15*(1), 132-151.

Denzin, N. K. (2013). The death of data?. *Cultural Studies↔Critical Metho dologies, 13*(4), 353-356.

Dourish, P. (2001). *Where the action is: The foundations of embodied interaction*. MIT Press.

Dreyfus, H. L. (2014). *Skillful coping: Essays on the phenomenology of everyday perception and action* (M. A. Wrathall, Ed.). Oxford University Press.

Edwards, R. (2012). (Im)mobilities and (dis)locating practices in cyber-education. In R. Brooks, A. Fuller, J. Waters (Eds.), *Changing spaces of education: New perspectives on the nature of learning* (pp. 205-218). Routledge.

Fenwick, T. (2014a). Knowledge circulations in inter-para/professional practice: A sociomaterial inquiry. *Journal of Vocational Education & Training, 66*(3), 264-280.

Fenwick, T. (2014b). Sociomateriality in medical practice and learning: Attuning to what matters. *Medical Education, 48*, 44-52.

Fenwick, T., & Edwards, R. (2010). *Actor-network theory in education*. Routledge.

Flanders, J., & Muñoz, T. (2012). An introduction to humanities data curation. In *A guide to digital humanities curation*.

Flusser, V. (1999). *The shape of things: A philosophy of design*. Reaktion.

Gadamer, H. G. (1976). *Philosophical hermeneutics*. University of California Press.

Gibson, J. J. (1979). *The ecological approach to visual perception*. Houghton Miffin.

Gilbert, L., S., Jackson, K., & di Gregorio, S. (2014). Tools for analyzing qualitative data: The history and relevance of qualitative data analysis software. In J. M. Spector, M. D. Merrill, J. Elen, & M. J. Bishop (Eds.), *Handbook of research on educational communications and technology* (pp. 221-236). Springer.

Goble, E., Austin, W., Larsen, D., Kreitzer, L., & Brintnell, E. (2012). Habits of mind and the split-mind effect: When computer-assisted qualitative data analysis software is used in phenomenological research. *Forum Qualitative Sozialforschung/ Forum: Qualitative Social Research, 13*(2).

Gourlay, L., & Oliver, M. (2016). Multimodal longitudinal journaling. In C. Haythornthwaite, R. Andrews, J. Fransman, & E. Meyers (Eds.), *The SAGE handbook of e-Learning research* (pp. 291-312). SAGE.

Gourlay, L., & Oliver, M. (2017). Students' physical and digital sites of study: Making, marking and breaking boundaries. In L. Carvalho, P. Goodyear, & M. de Laat (Eds.), *Place-based spaces for networked learning* (pp. 73-89). Routledge.

Graham, E. L. (2002). *Representations of the post/human: Monsters, aliens, and others in popular culture*. Manchester University Press.

Gunkel, D., & Taylor, P. A. (2014). *Heidegger and the media*. Polity Press.

Hamilton, M. (2011). Unruly practices: What a sociology of translations can offer to educational policy analysis. *Educational Philosophy and Theory, 43*(suppl. 1), 55-75.

Hansen, M. B. N. (2006). Media theory. *Theory, Culture & Society, 23*(2-3), 297-306.

Hansen, M. B. N. (2013). Ubiquitous sensation: Toward an atmospheric, collective, and microtemporal model of media. In U. Ekman (Ed.), *Throughout: Art and culture emerging with Ubiquitous computing* (pp. 63-88). MIT Press.

Hansen, M. B. N. (2015). *Feed-forward: On the future of twenty-first century media*. University of Chicago Press.

Haraway, D. (1985). Manifesto for cyborgs: Science, technology, and socialist feminism in the 1980s. *Socialist Review, 80*, 65-108.

Harman, G. (2009a). *Prince of networks: Bruno Latour and metaphysics*. Re.press.

Harman, G. (2009b). The McLuhans and metaphysics. In J. K. B. Olsen, E. Seligner, & S. Riis (Eds.), *New waves in philosophy of technology* (pp. 100-122). Palgrave Macmillan.

Hayles, H. K. (1999). *How we become post human: Virtual bodies in cybernetics, literature, and informatics*. The University of Chicago Press.

Hayles, N. K. (2006). Unfinished work: From Cyborg to Cognisphere. *Theory, Culture & Society, 23*(7-8), 159-166.

Heidegger, M. (1962). *Being and time* (J. Macquarrie & E. Robinson, Trans.). Harper & Row.

Heidegger, M. (1971). *Poetry, language, and thought* (A. Hofstadter, Trans.). Harper & Row.

Heidegger, M. (1977). *The question concerning technology and other essays* (W. Lovitt, Trans.). Harper Torchbooks.

Heidegger, M. (2012). *Bremen and Freiburg lectures: Insight into that which is and basic principles of thinking* (A. Mitchell, Trans.). Indiana University Press.

Herbrechter, S. (2006). The posthuman subject in The Matrix. In M. Diocaretz & S. Herbrechter (Eds.), *The Matrix in theory* (pp. 248-289). Rodopi.

Heuristic methods. (n.d.) *MindTools*.

Hillman, J. (1982). Anima Mundi: The return of the soul to the world. *Spring, 1982*, 71-93.

Hirschauer, S. (2006). Putting things into words. Ethnographic description and the silence of the social. *Human Studies, 29*(4), 413-441.

Horst, H. A., & Miller, D. (Ed.) (2012). *Digital anthropology*. Berg.

Hui, Y. (2016). *On the existence of digital objects*. University of Minnesota.

Husserl, E. (1970). *Logical investigations* (Vol. 1, J. N. Findlay, Trans.). Humanities Press.

Ihde, D. (1979). *Technics and praxis: A philosophy of technology*. Reidel.

Ihde, D. (1983). *Existential technics*. State University of New York Press.

Ihde, D. (1990). *Technology and the lifeworld: From garden to earth*. Indiana University Press.

Ihde, D. (2010). *Heidegger's technologies: Postphenomenological perspectives*. Fordam Press.

Ihde, D. (2015). Preface. In R. Rosenberger & P. P. Verbeek (Eds.), *Postphenomeno logical investigations: Essays on human-technology relations* (pp. vii-xvi). Lexington Books.

Illich, I. (1996). Philosophy … artifacts … friendship-and the history of the gaze. In T.-A. Druart (Ed.), *Philosophy of technology: Proceedings of the American Catholic Philosophical Association* (pp. 61-82). National Office of the American Catholic Philosophical Association, Catholic University of America.

Ingold, T. (2000). *The perception of the environment: Essays in livelihood, dwelling, and skill*. Routledge.

Ingold, T. (2005). *Up, across and along*.

Ingold, T. (2007). Materials against materiality. *Archaeological Dialogues, 14*(1), 1-16.

Ingold, T. (2012a) Looking for lines in nature. *Earthlines, 3*, 48-51.

Ingold, T. (2012b). Toward an ecology of materials. *Annual Review of Anthropology, 41*, 427-442.

Introna, L. D. (2007). Maintaining the reversibility of foldings: Making the ethics (politics) of information technology visible. *Ethics and Information Technology, 9*(1), 11-25.

Introna, L. D. (2009). Making sense of ICT, new media, and ethics. In C. Avgerou, R. Mansell, D. Quah, & R. Silverstone (Eds.), *The Oxford handbook of information and communication technologies* (pp. 314-333). Oxford University Press.

Introna, L. D. (2011). The enframing of code: Agency, originality and the plagiarist. *Theory, Culture & Society, 28*(6), 113-141.

Introna, L. D. (2016). Ethico-onto-epistemology: some reflections on performative epistemic practices. Paper presented at 4S/EASST Conference, Barcelona.

Kallanikos, J., Aaltonen, A., & Marton, A. (2010). A theory of digital objects. *First Monday, 15*(6-7).

Kitchin, R. (2014, June 6). Rob Kitchin: "Big data should complement small data, not replace them." *The London School of Economics and Political Science Blog*.

Knorr Cetina, K. (2001). Objectual practice. In T. R. Schatzki, K. Knorr Cetina, & E. von Savigny (Eds.), *The practice turn in contemporary theory* (pp. 175-188). Routledge.

Knox, J., & Bayne, S. (2013). Multimodal profusion in the literacies of the Massive Open Online Course. *Research in Learning Technology, 21*.

Kullman, K. (2012). Experiments with moving children and digital cameras. *Children's Geographies, 10*(1), 1-16.

Latour, B. (1992). Where are the missing masses? A sociology of a few mundane artifacts. In W. E. Bijker & J. Law (Eds.), *Shaping technology/building society: Studies in sociotechnical change* (pp. 225-258). The MIT Press.

Latour, B. (1996). *Aramis or the love of technology* (C. Porter, Trans.). Harvard University Press.

Latour, B. (2005). *Reassembling the social: An introduction to actor-network theory*. Oxford University Press.

Law, J. (1999). After ANT: Complexity, naming and topology. In J. Law & J. Hassard (Eds.), *Actor network theory and after* (pp. 1-14). Blackwell Publishers.

Law, J. (2004). *After method: Mess in social science research*. Routledge.

Law, J. (2008). On sociology and STS. *The Sociological Review 56*(4), 623-649.

Law, J. (2009). Actor network theory and material semiotics. In B. S. Turner (Ed.), *The new Blackwell companion to social theory* (pp. 141-158). Wiley-Blackwell.

Law, J. (2011). Collateral realities. In R. F Dominguez & P. Baert (Eds.), *The politics of knowledge* (pp. 156-188). Routledge.

Law, J., & Singleton, V. (2005). Object lessons. *Organization, 12*(3), 331-355.

Law, J., & Singleton, V. (2012). ANT and politics. Working in and on the world.

Lewin, D. (2016). The Pharmakon of educational technology: The disruptive power of attention in education. *Studies in Philosophy and Education, 35*(3), 251-265.

Lupton, D. (2014). *Digital sociology*. Routledge.

Markoff, J. (2015). *Machines of loving grace: The quest for common ground between humans and robots*. HarperCollins.

McLuhan, M. (1964/2003). *Understanding media: The extensions of man* (W. T. Gordon, Ed.). Gingko Press. (Original work published 1964)

McLuhan, M. (1997). Note on Burroughs. In M. Moos (Ed.), *Media research: Technology, art, communication* (pp. 86-91). Overseas Publishers Association.

McLuhan, M., & Fiore, Q. (1967). *The medium is the massage*. Penguin.

McLuhan, M., & McLuhan, E. (1988). Laws of media: *The new science*. University of Toronto Press.

McLuhan, M., Hutchon, K., & McLuhan, E. (1977). *City as classroom: Understanding language and media*. Book Society of Canada.

McLuhan, M., Hutchon, K., McLuhan, E. (1978). Multi-media: The laws of the media. *The English Journal, 67*(8), 92-94.

Merleau-Ponty, M. (1962). Phenomenology of perception (C. Smith, Trans.). Routledge.

Merleau-Ponty, M. (1968). *The visible and the invisible* (A. Lingis, Trans.). Northwestern University Press.

Merleau-Ponty, M. (2012). *Phenomenology of perception* (D. A. Landes, Trans.). Routledge.

Michael, M. (2000). *Reconnecting culture, technology and nature: From society to heterogeneity*. Routledge.

Michael, M. (2004). On making data social: Heterogeneity in sociological practice.

Qualitative Research, 4(1), 5-23.

Michael, M. (2012). Anecdote. In C. Lury & N. Wakeford (Eds.), *Inventive methods: The happening of the social* (pp. 25-35). Routledge.

Miller, D. (2011). *Tales from Facebook*. Polity Books.

Mitchell, A. J. (2015). *The fourfold: Reading the late Heidegger*. Northwestern University Press.

Mol, A. (1999). Ontological politics. A word and some questions. In J. Law & J. Hassard (Eds.), *Actor network theory and after* (pp. 74-89). Blackwell Publishers.

Mol, A. (2002). *The body multiple: Ontology in medical practice*. Duke University Press.

Mol, A. (2010). Actor-network theory: Sensitive terms and enduring tensions. *Kölner Zeitschrift für Soziologie und Sozialpsychologie, 50*(1), 253-269.

Mulcahy, D. (2012). Thinking teacher professional learning performatively: A socio-material account, *Journal of Education and Work, 25*(1), 121-139.

Mulcahy, M. D. (2013). Turning around the question of 'transfer' in education: Tracing the sociomaterial. *Educational Philosophy and Theory, 45*(12), 1276- 1289.

Nancy, J. L. (1997). *The sense of the world* (J. S. Librett, Trans.). University of Minnesota Press.

Norman, D. A. (1988). *The psychology of everyday things*. Basic Books.

Olsen, B. (2010). *In defense of things: Archaeology and the ontology of objects*. Altamira Press.

Ong, W. J. (2005). *Orality and literacy: The technologizing of the word.* Routledge.

Orlikowski, W. J., & Iacono, C. S. (2001). Desperately seeking the "IT" in IT research: A call to theorizing the IT artifact. *Information Systems Research, 12*(2), 121-134.

Paulus, T., Lester, J., & Dempster, P. (2014). *Digital tools for qualitative research*. Sage.

Pettman, D. (2011). *Human error: Species-being and media machines*. University of Minnesota Press.

Pickering, A. (2005). Asian eels and global warming: A posthumanist perspective on society and the environment. *Ethics & the Environment, 10*(2), 29-43.

Pickersgill, E. (2016). *Removed.*

Pink, S., Horst, H., Postill, J., Hjorth, L., Lewis, T., & Tacchi, J. (2015). Researching things. In S. Pink, H. Horst, J. Postill, L. Hjorth, T. Lewis, & J. Tacchi (Eds.), *Digital ethnography: Principles and practice* (pp. 59-78). Sage.

Plum, M. (forthcoming). Making 'what works' work: Enacting evidence-based pedagogies in early childhood education and care. *Pedagogy, Culture and Society, 25*(3), 378-388.

Postman, N. (1993). *Technopoly: The surrender of culture to technology*. Vintage.

Prinsloo, P., Archer, E., Barnes, G., Chetty, Y., & van Zyl, D. (2015). Big(ger) data as better data in open distance learning. *International Review of Research in Open and Distributed Learning, 16*(1), 284-306.

QSR International. (2012a). *NVivo products.*

QSR International. (2016b). *Using NVivo for qualitative research: NVivo for Mac.*

QSR International. (2016c). *Understanding the key concepts: NVivo for Mac.*

Ribes, D., & Jackson, S. J. (2013). Data bite man: The work of sustaining a long-term study. In L. Gitelman (Ed.), *"Raw data" is an oxymoron* (pp. 147-166). The MIT Press.

Richards, I. A. (1936). *The philosophy of rhetoric*. Oxford Press.

Roberts, S., Hine, C., Morey, Y., Snee, H., & Watson, H. (2013). *'Digital me thods as mainstream methodology': Building capacity in the research community to address the challenges and opportunities presented by digitally inspired methods.* National Centre for Research Methods.

Roden, D. (2015). *Posthuman life: Philosophy at the edge of the human*. Routledge.

Röhl, T. (2015). Transsituating education: Educational artefacts in the classroom and beyond. In S. Bollig, M.-S. Honig, S. Neumann, C. Seele (Eds.), *MultiPluriTrans in educational ethnography: Approaching the multimodality, plurality and translocality of educational realities* (pp. 143-161). Transcript.

Rosen, S. M. (2006). *Topologies of the flesh: A multidimensional exploration of the lifeworld*. Ohio University Press.

Rosenberg, R., & Verbeek, P. P. (2015). A postphenomenological field guide. In R. Rosenberger & P. P. Verbeek (Eds.), *Postphenomenological investigations: Essays on human-technology relations* (pp. 9-41). Lexington Books.

Ruppert, E. Harvey, P., Lury, C., Mackenzie, A., McNally, R., Baker, S. A., Kallianos, Y., & Lewis, C. (2015). Socializing big data: From concept to practice. *CRESC Working Paper No. 138*.

Ruppert, E., Law, J., Savage, M. (2013). Reassembling social science methods: The challenge of digital devices. *Theory, Culture & Society, 30*(4), 22-46.

Saillard, E. K. (2011). Systematic versus interpretive analysis with two CAQDAS packages: NVivo and MAXQDA. *Forum Qualitative Sozialforschung/Forum: Qualitative Social Research, 12*(1).

Savage, M. (2013). The 'social life of methods': A critical introduction. *Theory, Culture & Society, 30*(4), 3-21.

Savage, M. (2015). Sociology and the digital challenge. In P. Halfpenny & R. Proctor (Eds.), *Innovations in digital research methods* (pp. 297-310). SAGE Publications.

Seamon, D. (2002). Phenomenology, place, environment, and architecture: A review of the literature. *Environmental & Architectural Phenomenology, 24*(3).

Scolles, J. (personal communication, 2016).

Serres M. (1995). *Genesis* (G. James & J. Nielson, Trans.). University of Michigan Press.

Serres, M. (2008). *The five senses: A philosophy of mingled bodies* (M. Sankey & P. Cowley, Trans.). Continuum.

Sheehan, T. (2014). *Making sense of Heidegger: A paradigm shift*. Rowman & Little-field

Sørensen, E. (2009). *The materiality of learning: Technology and knowledge in educational practice*. Cambridge University Press.

Sowerby, M. (personal communication, 2016).

Stiegler, B. (1998). *Technics and time, 1: The fault of Epimetheus*. Stanford University Press.

Stiegler, B. (2016). Foreword. In Y. Hui (Ed.), *On the existence of digital objects* (D. Ross, Trans., pp. vii-xiii). University of Minnesota Press.

Stronge, P., & Michael, M. (2012). Suggestion and satisfaction: On the actual occasion of agency. In J.-H. Passoth, B. Peuker, M. Schillmeier (Eds.), *Agency without actors? New approaches to collective action* (pp. 15-30). Routledge.

Thiele, K. (2014). Ethos of diffraction: New paradigms for a (post)humanist ethics. *Parallax, 20*(3), 202-216.

Thompson, T. L. (2010). *Assembly required: Self-employed workers' informal work-learning in online communities* (PhD dissertation). University of Alberta.

Thompson, T. L. (2012a). I'm deleting as fast as I can: Negotiating learning practices in cyberspace. *Pedagogy, Culture & Society, 20*(1), 91-110.

Thompson, T. L. (2012b). (Re/Dis)assembling learning practices online with fluid objects and spaces. *Studies in Continuing Education, 34*(3), 251-266.

Thompson, T. L. (2015a). Actor Network Theory and adult education. *Lifelong Learning in Europe, 1.*

Thompson, T. L. (2015b). Digital doings: Curating work-learning practices and ecologies. *Learning, Media & Technology, 41*(3), 480-500.

Thompson, T. L. (forthcoming). The making of mobilities in online work-learning practices. *New Media & Society, 20*(3), 1031-1046.

Thompson, T. L., & Adams, C. (2013). Speaking with things: Encoded researchers, social data, and other posthuman concoctions. *Distinktion: Scandinavian Journal of Social Theory, 14*(3), 342-361.

Thorsteinsson, G., & Page, T. (2014). User attachment to smartphones and design guidelines. *International Journal of Mobile Learning and Organisation, 8*(3-4), 201-215.

Turkle, S. (2008). Always-on/always-on-you: The tethered self. In J. E. Katz (Ed.), *Handbook of mobile communication studies* (pp. 121-137). The MIT Press.

van den Berg, J. H. (1972). *A different existence*. Duquesne University Press.

van Lennep, D. J. (1987). The psychology of driving a car. In J. J. Kockelmans (Ed.), *Phenomenological psychology: The Dutch school* (pp. 217-227). Martinus Nijhoff Publishers.

van Manen, M. (1989). *By the light of anecdote. Phenomenology + Pedagogy, 7*, 232-253.

van Manen, M. (1997). *Researching lived experience: Human science for an action sensitive pedagogy*. Althouse Press.

van Manen, M. (2014). *Phenomenology of practice: Meaning-giving methods in phenomenological research and writing*. Left Coast Press.

van Manen, M., & Adams, C. (2009). The phenomenology of space in writing online. *Educational Philosophy and Theory, 41*(1), 10-21.

van Manen, M., & Adams, C. (2010). Qualitative research: Phenomenology. In E. Baker, P. Peterson, & B. McGaw (Eds.), *International encyclopedia of education* (Vol. 6, pp. 449-455). Elsevier.

van Manen, M. (2012). Looking into the neonatal isolette. *Medical Humanities, 38*(1), e4.

van Oenen, G. (2006). A machine that would go of itself: Interpassivity and its impact on political Life. *Theory & Event, 9*(2).

Vannini, P. (2015). Non-representational ethnography: New ways of animating lifeworlds. *Cultural Geographies, 22*(2), 317-327.

Verbeek, P. P. (2005). *What things do: Philosophical reflections on technology, agency, and design*. MIT Press.

Verbeek, P. P. (2007). Beyond the human eye: Technological mediation and posthuman visions. In P. Kockelkoren (Ed.), *Mediated vision* (pp. 43-53). Veenman Publishers en ARTez Press.

Verbeek, P. P. (2008). Cyborg intentionality: Rethinking the phenomenology of human-technology relations. *Phenomenology and the Cognitive Sciences, 7*(3), 387-395.

Vlieghe, J. (2014). Education in an age of digital technologies Flusser, Stiegler, and Agamben on the idea of the posthistorical. *Philosophy and Technology, 27*(4), 519-537.

von Uexküll, J. (2010). *A foray into the worlds of animals and humans; with, A theory of meaning* (J. D. O'Neil, Trans.). University of Minnesota Press. (Original works published 1934/1940)

Waltz, S. B. (2004). Giving artifacts a voice? Bringing into account technology in educational analysis. *Educational Theory, 54*(2), 157-172.

Weizenbaum, J. (1966). ELIZA—A computer program for the study of natural language communication between man and machine. *Communications of the ACM, 9*(1), 36-45.

Wilson, A., Doyle, S., Drew, V., Watson, C., & Thompson, T. L. (forthcoming). Learning analytics: Challenges and limitations. *Teaching in Higher Education, 22*(8), 991-1007.

Wilson, M. W. (2014). Continuous connectivity, handheld computers, and mobile spatial knowledge. *Environment and Planning D: Society and Space, 32*, 535-555.

Winner, L. (1986). *The whale and the reactor: A search for limits in an age of high technology*. University of Chicago Press.

Wolfe, C. (2010). *What is posthumanism*? University of Minnesota Press.

Žižek, S. (1998). The interpassive subject.

Zukas, M., & Kilminster, S. (2014). The doctor and the blue form: Learning professional responsibility. In T. Fenwick, & M. Nerland (Eds.), *Reconceptualising professional learning: Sociomaterial knowledges, practices and responsibilities* (pp. 38-51). Routledge.

포스트휴먼 세계 연구하기: 디지털 객체와 면담하는 법

초판발행 2025년 4월 10일
2쇄발행 2025년 12월 23일

지은이 Catherine Adams · Terrie Lynn Thompson
옮긴이 이경미 · 장인철
펴낸이 노 현

편 집 김용순
기획/마케팅 이선경
표지디자인 BEN STORY
제 작 고철민 · 김원표

펴낸곳 ㈜피와이메이트
서울특별시 금천구 가산디지털2로 53, 210호(가산동, 한라시그마밸리)
등록 2014. 2. 12. 제2018-000080호
전 화 02)733-6771
f a x 02)736-4818
e-mail pys@pybook.co.kr
homepage www.pybook.co.kr
ISBN 979-11-7279-101-8 93370

정 가 17,000원

이 역서는 2024년 대한민국 교육부와 한국연구재단의 공동연구지원사업의 지원을 받아 수행된 연구임(NRF-2024S1A5A2A03038184)